这些事，父母不要在孩子面前做

禹文军◎编著

内 容 提 要

父母是孩子的启蒙导师，而"孩子是父母的镜子"，父母的一言一行、思维习惯都会被孩子看在眼里，父母在教育中必须要规避一些行为误区，孩子的健康成长才有基础保证。

本书针对普遍存在的错误教育方式，用凝练的文字告诉父母科学、经典的教育智慧，为父母简单易懂地解说了那些在育儿中需要注意的问题，帮助我们的孩子健康、快乐、出色地成长。

图书在版编目（CIP）数据

这些事，父母不要在孩子面前做 / 禹文军编著.--北京：中国纺织出版社有限公司，2022.3
　ISBN 978-7-5180-8726-6

Ⅰ.①这… Ⅱ.①禹… Ⅲ.①家庭教育 Ⅳ.①G78

中国版本图书馆CIP数据核字（2021）第143244号

责任编辑：赵晓红　　责任校对：高　涵　　责任印制：储志伟

中国纺织出版社有限公司出版发行
地址：北京市朝阳区百子湾东里A407号楼　邮政编码：100124
销售电话：010—67004422　传真：010—87155801
http://www.c-textilep.com
中国纺织出版社天猫旗舰店
官方微博http://weibo.com/2119887771
三河市延风印装有限公司印刷　各地新华书店经销
2022年3月第1版第1次印刷
开本：880×1230　1/32　印张：7
字数：118千字　定价：39.80元

凡购本书，如有缺页、倒页、脱页，由本社图书营销中心调换

前言
PREFACE

一直以来，孩子的教育都是一个困扰家长的难题，尤其是当孩子越来越大，很多父母发现，越让孩子做什么事，孩子就越不去做，不管怎么说，孩子都不听。为此，不少家长四处取经，学习教子经验，有些父母还采取打压和强迫的方式来让孩子听话，企图将孩子的错误行为和观念遏制住。然而，实际上，这种方式多半是无效甚至是适得其反的。因为如果我们总是运用严厉的方式教育孩子，或者苦口婆心地劝说，久而久之，孩子一定不会再吃你这一套，孩子也只会对我们的管教感到厌烦，除了躲着我们，他们还能怎样？

我们不得不承认，现在不少孩子身上出现的问题，比如撒谎、没教养、冷漠、自私等，其实都与父母的行为习惯、观念以及错误的教育方式有一定的关系。有人说，"孩子是父母的镜子"，的确，孩子最早的学习是从模仿开始的。他们从很小的时候开始，就会将看到、听到、感觉到的东西"融化"在正在发育的大脑里，并在以后的生活中不知不觉地加以模仿，不仅限于行为举止，而且包括思维方式、情感取向以及个人性格等。总的来说，父母的一举一动孩子都看在眼中。

那么，现在，你可以反思一下，你是否有以下这些行为，如数落孩子、过分在意孩子的成绩、不遵守交通规则、教唆孩子去报复、总唠叨快去学习、互相比较孩子……这些都可能会给孩子一些负面的心理暗示与影响，产生错误的指引等。

因此，在反思了我们的教育方法后，剩下的，就需要我们去理解孩子，去引导孩子。然而，很多家长又会产生疑惑，我到底该怎么做呢？这也正是本书要阐述的重点，我们深知"道理千千条，不如一策良方更实用"。所以，本书并没有那些繁复的大道理，而是站在家长的角度考虑，为家长提供最实用、科学，更具操作性的方法。

本书从家长需要注意的行为方式出发，给出一些教育孩子的具体内容和主要思想，没有教不好的孩子，只有不正确的教育方法。每个孩子都是天才，相信您的孩子，一定可以快乐、健康地成长！

编著者

2021年2月

目录
CONTENTS

001 | 第01章　塑造孩子的优秀品格，父母不要做的事
002 | 哄骗孩子——可能引发孩子爱撒谎的坏习惯
005 | 误导孩子——引导孩子树立正确的道德观
008 | 纵容孩子的虚荣心——虚荣心强怎么引导
011 | 默许孩子自私自利——告诉孩子欲做事，先做人
015 | 放纵孩子小偷小摸——孩子也会偷盗行为
019 | 什么事都用钱解决——会让孩子养成事事依赖"钱"的习惯

025 | 第02章　培养孩子全方位的能力，父母不要做的事
026 | 总是按照自己的想法来——不要以成人的标准来约束孩子
028 | 盲目轻信——鼓励孩子敢于质疑、开动大脑
031 | 只关注成绩——支持孩子发展兴趣爱好
035 | 课余也不让孩子玩耍——寓教于乐，丰富孩子的课余生活
038 | 放任孩子花钱——尽早培养孩子的理财能力
042 | 剥夺孩子观察的机会——培养细腻、思维活跃的孩子

047 | 第03章　保护孩子善良的天性，父母不要做的事
048 | 麻木不仁——助人为乐要从父母做起
050 | 不尊敬老人——绝不能忽视对孩子孝心的培养

054 | 有求必应——孩子反而自私自利

058 | 一味地溺爱——只会剥夺孩子的爱心

063 | 第04章 关注孩子的学习问题，父母不要做的事

064 | 总是唠叨"快去学习"——会打消孩子学习的积极性

067 | 盲目为孩子报各种特色班——只会消耗孩子的有限精力

071 | 让孩子死读书——注重对孩子实践能力的培养

075 | 拿孩子与成绩优异者比较——肯定才会让孩子变优秀

078 | 用分数衡量孩子——引导孩子不带功利性的学习

083 | 第05章 培养孩子独立自主的习惯，父母不要做的事

084 | 太专制——聪明的父母都会给孩子自由

087 | 从小培养孩子"自己的事情自己做"

091 | 剥夺孩子的说话权利——倾听并尊重孩子的意见

094 | 什么都替孩子拿主意——鼓励孩子说出自己的想法

098 | 包办家中的一切——引导孩子参与一定的家务劳动

102 | 过度保护——要给孩子"独行"的机会

107 | 第06章 塑造孩子阳光般的性格，父母不要做的事

108 | 给孩子严苛紧张的成长环境——合理教养才能培养乐观性格

110 | 对孩子过度的好胜心听之任之——避免孩子产生嫉妒心理

114 | 不允许孩子失败——改变孩子"输不起"的心态

118 | 一味地打压和批评——孩子自卑的根源之一

123 | 忽视孩子的情绪变化——别让抑郁吞噬你的孩子

127 | 强化孩子的内向与胆小——如何纠正孩子的自闭倾向

130 | 恐吓与训斥——逐步纠正孩子胆小懦弱的性格

135 | **第07章　引导孩子获得良好的人际关系，父母不要做的事**

136 | 让孩子从小吃独食——引导孩子学会与人分享

140 | 限制孩子的交往——培养落落大方、受人欢迎的孩子

144 | 自身修养不足——你的修养，就是你孩子的教养

147 | 放任孩子以自我为中心——教会孩子将心比心，心中有他人

152 | 让孩子处于家庭的中心地位——告诉孩子尊重别人就是尊重自己

156 | 缺乏良好素质教育——培养懂文明礼貌的孩子

160 | 蛮横无理、不愿认错——教导孩子学会真诚的道歉

165 | **第08章　掌握亲子关系升温和沟通的秘诀，父母不要做的事**

166 | 一味地唠叨——孩子只会更加疏远你

170 | 非打即骂——棍棒式教育并不会教出优秀的孩子

174 | 忽视肢体语言的表达——会用自己的行动表达对孩子的爱

177 | 冷暴力——父母要和孩子建立良好的沟通渠道

180 | 让孩子独自面对成长中的问题——始终和孩子站在一起，与孩子一起成长

183 | 认为阅读影响学习——跟孩子一起阅读，拉近亲子关系

187	第09章　与孩子一起成为更好的自己，父母不要做的事
188	总是苛求孩子——允许孩子失败，孩子才会坚强
192	否定孩子——无论何时，要信任你的孩子
195	总是催促孩子——用耐心和智慧帮助孩子健康成长
199	当着孩子面吵架——小心孩子对吵架的错误解读
202	专制独裁——给予孩子话语权，和孩子平等交流
206	用老眼光看孩子——关注孩子的点滴进步
211	教育方法一成不变——转变观念，与时俱进

| 215 | **参考文献** |

第01章

塑造孩子的优秀品格，父母不要做的事

在教育这一问题上，我们父母可能经常听到这样一句话，身教重于言传，孩子的未来都和父母的一言一行密切相关，孩子对于世界的认知藏在父母的三观里。孩子的品格也是父母来塑造的，希望所有为人父母，都能用最最正直的人品去树立形象，让孩子拥有一颗纯洁的心灵，也同时为孩子留下明媚阳光的未来。

哄骗孩子——可能引发孩子爱撒谎的坏习惯

作为父母，我们都知道诚信对于一个孩子成长的重要性。的确，诚实是做人的原则，是一种正直的品格，历来受人推崇。而在家庭教育中，父母是孩子品行的第一任老师，家长做什么，孩子学什么，家长总是哄骗孩子、缺乏诚信，孩子就有可能养成爱撒谎的习惯。

有一项关于父母对待孩子是否诚信的调查显示，大概有77%的家长曾经对自己的孩子撒过谎，不过有些谎言可能是善意的，但也对亲子之间的信任造成了不良影响。

我们经常看到有的家长哄骗孩子："不要去那边玩，那边有大灰狼！"结果有一天孩子发现那边根本没有所谓的"大灰狼"，那么家长的权威性就会大打折扣。

有这样一个笑话：一位爸爸教育孩子："孩子，千万别撒谎，撒谎最可耻。""好的，爸爸。我一定听您的。""哎哟，有人敲门，快说爸爸不在家。"试想，这样教育孩子，孩子能诚实吗？

美国著名心理学家大卫·艾尔金德认为：要想让孩子有教养，守道德，父母必须首先是个品德高尚的人，因此，作为父母，不要在孩子面前说一套做一套，一些父母认为，小孩子懂什么呢？其实，孩子的眼睛是真实的、雪亮的，他们也是敏感的，他们往往会以实际为取舍。因此，我们家长应时刻监督自己的言行，从日常生活中点点滴滴的小事做起，不要撒谎，只有这样，对孩子的诚信教育才会有实效。

小东一直是个乖巧的孩子，可是，上小学后，他居然挨了爸爸的一次打，这是怎么一回事呢？

那天下午，他的父母在观看画展时，巧遇小东的班主任江老师，和他谈起小东的学习，自然涉及刚刚考过的期中考试。江老师说："小东这次成绩不太理想，只考了第九名。"他爸爸说："听小东说，好像是第三名，从成绩上推算也应是第三名。"江老师肯定地说是第九名。

看完画展回家，他们问小东这是怎么回事，小东觉得纸包不住火，便把实情告诉了他父母。

原来，一年级时，小东的确是第一，但后来由于学习松懈，成绩有些下滑，期中考试仅名列班内第九。可能是由于虚荣心太强，或者怕爸爸、妈妈责怪，于是小东涂改了成绩，使总分列班内第三。

小东的爸爸由于当时心情激动，狠狠打了小东，对他说："不管考第几名，爸爸、妈妈都不会责怪你，关键是你不诚实，用假成绩哄骗家长，实际上也是自欺欺人。"

但没想到，小东却反驳："那你还经常说带我去这去那，答应我很多事情呢！不也是骗我吗？"

可能涂改成绩对于一个小学孩子来说，并不算什么大事，但对于成长期的孩子来说，却涉及他们人格塑造得是否完善。然而，小东的话不得不让我们的很多家长反思，孩子爱撒谎的习惯到底根源在哪呢？

其实，父母是孩子言行的第一任老师，父母做了什么，孩子全看在眼里，经常欺骗孩子，孩子自然有样学样、爱撒谎。

一次小小的撒谎行为就可能酿成整个人生的悲剧，这些罪犯之所以会走上人生的错误之路，就是从小小的谎言开始的。

每个父母都希望自己的孩子诚实守信，不喜欢撒谎的孩子。但是，许多孩子却表现得不如人意。究其原因，大多是由于后天的某种需要引起的，比如为了满足吃的、玩的需要，甚至是为了逃避受批评、受惩罚，这些都助长了孩子撒谎的恶习。

1.父母要及时地肯定和鼓励孩子诚信的表现

孩子虽然在成长，但毕竟还小，思想和品德都未定型，我们应该抓紧实施诚信教育，时时事事处处都不放过，有理有利，让他们从小获得一张人生的通行证——诚信。

人人都渴望被肯定，孩子也是这样。为了满足被肯定需要，他们在与他人交往的时候，一般都会勇于自我表现，善于自我表现，成人们在这方面应该创造条件，给予他们积极的引导。当孩子有了诚信表现之后，父母及时给予肯定，强化诚信的行为效果，不断加深诚信在孩子头脑中的印象。日久天长，诚信习惯自然而然就会形成。

2.和孩子建立真诚和相互信任的关系

你要求孩子说话算数，你对孩子首先要说话算数。如果确实无法实现对孩子的承诺，一定要向孩子解释原因。这样孩子才能在心里对诚信的重要性有一个深刻的印象和理解，也才会信任家长，有什么事、有什么想法都愿意告诉家长。

3.掌握批评的艺术，及时纠正孩子不诚实的行为

孩子说谎，家长往往非常生气："小小年纪，怎么学会了说谎？长大成人后岂不成了骗子！"家长为孩子的不诚实担心是有道理的，但在批评孩子的时候，是要讲究方法的，这才会行之有效。首先不要损伤孩子的自尊心。家长要弄清楚孩子不讲诚信的深层次原因，千万不可盲目地批评。在此基础上，还要及时对他进行单独的批评以便抑制不诚信行为的继续发生。其次，要让孩子心服口服。不要用粗暴的方式来对待孩子，这无异于把他们推向不诚信的深渊，下次他们就会编出更大的谎言来骗你。

误导孩子——引导孩子树立正确的道德观

古人云："听其言，观其行。"就是说，通过一个人的言行，可以对他的思想道德和价值取向作出基本的评价和判别。

我们的一言一行在某种程度上体现了我们自身的文化素养和道德准则。

可能很多家长会感叹,孩子在慢慢长大,原本以为他会懂事,但却没料到孩子怎么反而会变得冷漠、没有爱心呢?其实,这并不是孩子的错,而是作为家长的我们可能对孩子道德观的形成起到了负面的影响。

星星今年初一了,周末这天早上,妈妈带星星去新华书店买学习资料。在过马路的时候,星星和妈妈看见一个老爷爷颤颤巍巍地拄着拐杖,也好像要过马路的样子,星星正准备去扶一下老爷爷,妈妈却说:"别去,他那么脏,马路上这么多人,会有人帮忙的……"

星星听到妈妈这么说,只好作罢。

案例中,星星的善举被妈妈打断了,表面上看,这是一件小事,但实际上却不利于孩子正确的道德观的形成。

因为上一代人是下一代人的教育模范,所谓上梁不正下梁歪,那些从小就被父母用行为教育"冷漠""自私""顺手牵羊""带眼识人""恃强凌弱""欺软怕硬"的孩子,长大了又怎么会有正确的道德观?道德源于家庭,家庭教育出的子女,传承了上一代的优良传统,也继承了上一代的恶劣行为。可见,父母自身的言行对孩子道德观形成的重要性。

不得不说,在我们的孩子的成长的过程中,他们的世界观、人生观逐渐形成,那么,如何让正确的价值观,荣辱观真正融入孩子的心灵，做一个对社会负责，对国家有用的人？这是当前摆在家庭和学校面前的重要课题。

良好的品德对孩子能否成才有着重要的决定性作用，教子一定要以德为先，作为父母，切不可忽视帮助孩子处理这些道德观的困惑。

那么，除了父母的言传身教外，父母还应该从哪些方面教育孩子形成正确的道德观呢？

1.告诉孩子最基本的道德准则

告诉孩子的基本的道德规范，不要等到孩子上了初中才开始，要从孩子很小的时候开始，你要做的是把这些道德规则和生活中的现象结合起来，让孩子分辨最基本的对错，让他们知道什么该做，什么不该做。事实上，一个人在成长的过程中，许多道德规范都是先懂后做的。

2.让孩子体验道德冲突，教会孩子明辨是非善恶

父母与孩子朝夕相处，了解自己的孩子，能从中觉察出孩子的思想动态。如果父母能及时帮助孩子正确认识生活中的各种社会现象，就能提高孩子辨别是非善恶的能力，减少各种不正之风对孩子的影响。我们帮助孩子树立正确的道德观，大到面对社会，小到人行道上走路、看信号灯过马路、不乱扔垃圾等等，看起来微不足道，但却是涓涓细流汇成江河。

但我们让孩子学着区分"好"与"坏"，最后的选择还应该让他们自己来做。不要怕他们遇到困惑，困惑越多，孩子所

形成的道德认识也就越全面和深入，父母应该让孩子在自己动脑选择的过程中逐渐成长。

3.在孩子做出对道德信条的选择后，及时给予评价

如果孩子的选择符合社会的道德准则，那么家长应给予表扬和鼓励。反之，则应及时地纠正孩子。必要时给予一定惩罚与警戒，绝不可放任。在家长长期的训练与指导下，他们就能把正确的道德观念作为行事准则。

如果我们能从以上几个方面努力，一定能帮助孩子形成正确的道德认知和塑造良好的道德行为！

纵容孩子的虚荣心——虚荣心强怎么引导

磊磊今年11岁，是个很可爱的孩子，学习成绩不错，但同时也十分"奢侈"，穿的鞋不是"耐克"就是"阿迪达斯"，总而言之是名牌。

他还经常在同学们面前吹嘘自己家里经济条件，他的班主任老师注意到这件事后，找来磊磊的父母，想和他们一起帮助磊磊纠正这种虚荣心，但他没想到，当问及磊磊父母对这件事的看法时，他们说："这有什么，穿品牌就是有面子，孩子穿得太差，别人笑话的是我们父母。"

这一番话让班主任老师瞠目结舌。

不得不说，磊磊不是个例。尤其是出生在经济条件稍微好一些的家庭的孩子，从小就习惯了玩高档玩具，穿名牌衣服，同学之间也相互攀比，比谁的衣服牌子更有名、谁的自行车最高档、谁爸爸的车更气派。

有很多父母都这样抱怨过：

"我女儿最近总是说'我想买台笔记本，我们班同学谁还在用台式的啊？'"

"儿子常常对我提出这样的要求：'我们班同学穿的鞋不是阿迪达斯就是耐克的，就我还穿那种地摊货，太丢人了。我也要买双名牌鞋。'"

"其实，我也知道，现在的孩子有攀比心理，但问题是我们家的经济条件真的不怎么好，我们满足不了她，每次女儿提出要求，我都很为难。请问，有什么方法可以既不伤害她的自尊，又能消除她的攀比心理？"

"现在的孩子怎么了，做父母的不容易啊，为他们提供这么好的学习环境，怎么还要求这要求那的呢？"

其实，虚荣心是一种常见的心态。但虚荣心对孩子的成长具有很大的妨碍作用，最重要的是，孩子爱虚荣，有碍真正的进步，甚至会形成嫉妒成性、冷酷无情的性格。

那么，为什么一些孩子小小年纪就爱慕虚荣呢？其实，我们的父母要反思自己的思想观念和教育方式，如果父母爱慕虚荣，那么，孩子也会有样学样、追求高档的生活方式，其实，对于一些有虚荣心苗头的孩子，我们家长要关注他们的这种心理现象，对于孩子过于讲究穿着的现象不能视而不见，任其自然，更不能盲目迁就，而应该加强对孩子的审美教育，正确引导，帮助他们克服不良消费观念和消费行为，形成正确的消费观念和消费行为。

为此，教育心理学家给我们这样一些建议：

1.以身作则，提高孩子的审美情趣

孩子的很多行为观念是耳濡目染的，尤其在审美情趣上，如果父母也盲目追求名牌或者奇装异服等，孩子自然上行下效。那么，爸爸可以告诉儿子："这件衣服虽然不贵，但你穿上很帅气！"这样，儿子就会认为，不一定衣服贵才好看。

另外，现在很多家长有炫富心理，认为现在生活条件好了，不必省吃俭用。孩子是自己的招牌，让孩子吃好、穿好，面子自然就有了，其实，这也是对孩子的思想观念的一种误导。

2.转变孩子的攀比兴奋点

孩子有攀比心理，说明他内心有竞争意识，想达到别人同样的水平或者超过别人。家长要抓住这种上进心理，改变孩子比吃、比穿的消费倾向，引导孩子在学习、才能、毅力、良好习惯等方面进行攀比。

3.让孩子明白应该把焦点放到学习上

作为父母，应教育孩子集中精力搞好学习。父母要通过教育，使孩子明白自己是一名学生，而学生的主要任务是学习，应把主要精力放在学习上。孩子攀比,你可以告诉他,他应该与同学比成绩,比品德等,而不是比吃穿,以德服人才是真正的优秀。这样,孩子就会把攀比的焦点放在学习上了。

4.引导孩子逐步充实内在,淡化虚荣心

有些父母认为,学习阶段的孩子的主要任务就是学习,这无可厚非,但千万别把所有的焦点都放到孩子的成绩上,我们也要引导孩子充实内在,这样他才不会盲目与人攀比,比如,你可以为孩子购买一些能充实孩子内心的书籍,这样,孩子就不是一个"绣花枕头",通俗上说,孩子很爱看书,自然也就不会整天琢磨外表或其他的事情了。

我们不能否定的是,攀比是很正常的心态,每个人或多或少都有攀比心,包括成人,良性的攀比能使人奋发。但孩子如果不经父母的帮助和指点,很容易因盲目攀比而误入歧途。因此,家长要引导孩子,不要让孩子在物质上比,而是要比学习、比品德、比做人的本领、比对集体的奉献、比各自的理想、比自己的特长,在这样一种良性的竞争中,孩子一定会健康的成长!

默许孩子自私自利——告诉孩子欲做事,先做人

世事洞明皆学问,人情练达即文章。决定一个人能否成功

的要素是多方面的，除了知识和能力以外，良好的做人与做事习惯也起着关键性的作用。良好的习惯能帮助一个人迅速地融入团体，最大化地发挥自身能力和借助团队的力量，从而更加容易实现自己的目标和抱负。这就是欲做事、先做人的道理。

作为父母，我们都希望孩子在未来能成功，但前提是我们要成为孩子做人的榜样：真诚待人，认真负责地履行对他人的承诺，拒绝做冷漠、自私、不会与人交往的人。这样，在你的言传身教下，孩子也会成为一个做事有条有理、讲求效率、善于合作、受人欢迎的人，进而帮助孩子收获美好未来。

任何一个孩子，要想适应社会需要，与时俱进，就必须学会做人。而作为21世纪的家长，要想教育好自己的孩子，必须树立正确的教育观念，掌握科学的教育方法。那么，家长到底该怎样培养出孩子会做人这一品质呢？最重要的就是身教。

1.不要以成人的做人标准教育孩子

对于任何孩子来说，他们的第一所学校都是家，我们父母爱孩子，就要给孩子一个良好的家庭环境，良好的家庭环境对孩子起着重要的作用。良好的家庭环境并不是指家庭经济一定要很富有，而是说家长要给子女提供良好的教育环境，父母是孩子的第一任教师，他们的言行，说话的语气和面部的表情、神态，行为方式，生活作风，兴趣爱好，情感态度等都直接影响孩子。

对人慷慨、受人欢迎的家长，也就能教育出一个会做人的孩子,可在教育过程中,许多家长在这些方面不注意,以成人的思维习惯和标准要求孩子什么能干,什么不能干,甚至告诫孩子不能无缘无故送别人礼物,要苛求回报,这样下去的结果,必然会让孩子扭曲了与人交往的目的,扼杀孩子之间天真的童心。

有这样一则故事:

一个年轻的女孩在一户富裕人家当帮佣。

一天,女主人的女儿发现这位姐姐喜欢妈妈的粉色手套,就自作主张将手套送给了这位年轻女孩,女主人回家后,教育自己的女儿说:"你要明白,不要把东西送给陌生人,她能给你什么?"

很明显,这个妈妈教育孩子的方式是错误的,人与人之间,最重要的莫过于情感的连接,作为父母,如果教育孩子带有目的性的与人交往,那么,只能把孩子教育成一个势利小人,孩子也交不到真正的朋友。

2.要在诚实守信方面做孩子的表率

当今世界,随着物质文化的极大丰富,不少孩子的心灵也受到了污染,我们家长一定要做好孩子纯净心灵的守护者,在家庭教育中一定要注意诚实守信,答应了孩子的事情一定要做到,万一做不到就要向孩子解释原因。

然而,我们发现,不少家长在孩子的德育问题上常犯了一种虚伪性的错误,他们会要求孩子做诚实守信的人,但是自己在这方面却不尽如人意,甚至有时候会不自觉地在孩子面前撒谎,可须知,家长的身教比言传更为直接、重要。所以家长要做诚实的人,经过父母身教的孩子也当是个诚实守信的人。

3.在真诚待人方面要做子女的表率

随着经济社会的发展,很多孩子都是独生女,他们是一家的中心,从小养成了唯我独尊的观念,不能与他人分享,只知"人人为我",不知"我为人人"。为纠正其观念和行为,家长就要在平时的家庭生活中着力营造和谐的家庭氛围,做到家庭成员人人平等、互相尊重、平等待人,还要在社会生活中建立良好的人际关系,尊重他人,平等待人,学会与他人分享。

4.在尊重他人方面做子女的表率

为使孩子成人、成才,许多家长视孩子为自己的私有财产,"望子成龙""望女成凤"心切,对待孩子或溺爱姑息,或简单粗暴,这很容易使孩子的心理扭曲。作为家长首先要尊重孩子,努力创设民主的家庭氛围,是父母为孩子应尽的义务。同时,不能一味讲家长权威,要注意和孩子进行思想交流与情感沟通。

这些品质都是孩子成功做人的前提,家庭教育的目的首先就是"人的教育",其次是在人的教育基础上的"人才教育",也就是父母教育孩子怎样做人,怎样成才,从而在未来社会中怎样做事,做人是第一步,会做人的孩子才能以健全的人格和完美的品质获得别人的喜爱,才能活得更加轻松、自在!

放纵孩子小偷小摸——孩子也会偷盗行为

刘先生最近很头疼，因为他的儿子刘晓因为在学校偷同学东西已经几次被老师发现了。老师将刘先生叫到了学校。

刘先生感到纳闷的是，平时没少给孩子零花钱，孩子怎么会偷窃呢？

事情是这样的：

一次课间时间，刘晓的同桌拿出他爸爸刚给他买的儿童手表把玩，刘晓很好奇，想借过来玩一玩，但同桌不肯，刘晓很生气，就产生了偷过来的想法，所以，趁着同桌去卫生间的时间，他把表从同桌书包中偷了过来，而回家后，这孩子才发现自己的东西不见了，第二天，同桌很着急的样子，这下刘晓得意了。

从那次之后，刘晓就产生了一种很奇怪的心理，他觉得别人拥有的东西，只要稍稍想点办法，就能得到，这样的感觉很好。

刘先生听到儿子的阐述后，给了儿子一巴掌，谁知道儿子哭着反驳道："偷点东西怎么了，你自己平时不也说不拿白不拿吗？"听到儿子这样反问自己，刘先生愣住了，原来自己的一些无心之话孩子全学进去了。

如刘晓这样的青少年并不多，但却很有代表性。我们都知道，现代社会，很多孩子都是独生子，生活条件优越、长辈宠爱,都是以自我为中心,很少会为人考虑,他们的各种要求总是会被父母满足。于是,久而久之,对于他人拥有而自己无法拥有的东西,他们便会产生强占的想法,而这就是为什么我们发现一些孩子有偷盗行为。

我们还发现,在那些父母爱占别人便宜、有小偷小摸行为的家庭里,孩子也容易产生偷盗行为,因此,我们父母在教育孩子要有良好品行时,首先要检查自己的行为,要知道,天下没有不劳而获的东西,千万别成为一个自私自利的人,更不能成为孩子的坏榜样。

另外,当家长发现孩子有偷窃行为,在对孩子进行此方面的教育时,同样要注意方式方法,不能一味地训斥和责备孩子,这样做,只会伤害孩子的自尊心,甚至激发出孩子的对抗或报复心理,让孩子的偷盗行为越来越严重。

对此,父母最好要针对事情,而非人的本身。明智的教育既能使孩子改正自己的不良行为,又能使孩子树立正确的道德观,保持良好的心态,增加对别人的关切之情。具体来说,我们可以从以下几个方面努力:

1.在日常生活中就要教育孩子关于整个社会必须遵守的行为规范和道德准则

这一教育活动,必须在孩子很小的时候就进行,而不是在孩子成年后。我们要让孩子明白,我们都是社会的一分子,都应约束自己的行为,不给他人造成伤害。唯有如此,我们每个社会成员才可以享受平等、幸福的生活。当然，我们父母必须以身作则，在生活中就要行得正、坐得端，绝不能有小偷小摸的行为，否则孩子只会有样学样。

2.孩子有偷盗行为后，我们要与之进行良好的沟通和教育

比如，如果发现孩子拿了别人的东西或者将其他人的东西带回家，我们要冷静下来，不可打骂孩子，也不要用偷这样的字眼，这样会给孩子心灵造成阴影，要问清楚孩子为什么将别人的或者公共的东西带回家。

实际上，不少孩子们盗窃，目的并非所偷盗的物品，很多情况下纯粹是为了给别人造成困难而获得快感。如盗窃经济价值不大的物品，然后将偷来的东西损坏或者丢弃，有时候是受好奇心驱使，这些行为让很多父母很是头疼。但总的来说，青春期的孩子有这样行为，是因为他们并不清楚这种行为的卑劣之处，因此，我们的家长要注意在这个方面进行正确的引导和教育。

我们要告诉他，偷盗行为是不道德的，孩子需要什么，应该告诉爸爸妈妈，只要是合理的要求，爸爸妈妈都会满足他的，这样孩子以后肯定就不会再犯类似的错误了。

3.合理的控制孩子的零花钱

定期给孩子一定数量的零花钱，数量不必太多，满足孩子日常的基本需要，而且不能无原则的给，要让孩子完成一定的任务才能给，这样孩子也可以体会到钱来之不易，会比较珍

惜，不会乱花钱。

4.引导孩子承认偷东西这一行为是错误的

孩子偷了别人的东西，要让他还回去，并且知道别人的东西不能随便拿，要承认自己的错误，向别人道歉，让孩子在成长过程中学会担当，并且会有效地杜绝孩子以后犯类似的错误。

5.引导孩子学会关心他人，尊重别人的所有权

我们可以告诉孩子，自己喜欢的、引以为豪的东西，可以请朋友参观，可以借给朋友玩，快乐就应该分享；而对于别人的东西，你不能据为己有，这些行为是错的、丑的，绝对不能这样做，学会控制自己的行动，并懂得为什么要这样。

如果你渴望得到某种东西，你可以向朋友借，但你需要记住，好借好还，再借不难，使用后如期如数归还，并道谢；当然，有些东西也可以通过购买获得，但无论何种方式，都必须是正当的。

总之，对于孩子的偷盗行为，我们父母首先要自我反省，检查自己的心理和行为，如果父母已经发现孩子偷盗，不可给予强硬的管理，要让孩子明白自己的东西就是自己的，不是自己的东西就没有所有权，并对其进行道德规范教育，孩子是能逐渐改正这一坏习惯的。

什么事都用钱解决——会让孩子养成事事依赖"钱"的习惯

一位世界著名的儿童心理卫生专家说："有十分幸福童年的人常有不幸的成年。"在童年时期未曾遭遇过挫折的人在长大后会因为很难适应激烈的竞争和复杂多变的社会而深感痛苦。每个人出生后，都必须面临两个问题：第一是生存问题，也就是我们的身体需要存活，第二是人性升华的问题，也就是精神层面的问题，我们如今的社会，第一个问题已经解决了，但还要解决第二个问题。实际上，在物质资源极大丰富的今天，人更容易堕落，这是我们的共识，但家庭作为教育的前沿可以帮助孩子拒绝堕落，树立和保持人格。很多孩子在这样一个物质生活水平急速发展的社会，却形成了一种"唯钱是亲"的不健全人格。这很大一部分原因是：生活的环境过于优越，父母喜欢什么都用钱解决，孩子便认为钱是万能的。我们不妨先来看看下面的场景：

小伟的妈妈下午买菜回来，就急急忙忙地拿了一袋"好东西"到小伟房里。

"小伟，你看我买了什么？我帮你买了几件新衣服喔！"妈妈说。

"我才不要咧！全都是'撒切尔牌'（意指在菜市场买的商品）的，穿出去很丢脸耶！"小伟任性地回答。

"你怎么这么说？从小就要学节俭，免得长大后有麻烦！"

小伟的这种态度，其实，生活中并不少见，这些孩子已经逐渐唯钱是亲，虚荣心强，认为金钱至上，甚至认为金钱的价值超越亲情和友情，金钱是衡量一切的标准。当然，这与父母的教育有关。

今日经济蓬勃发展，人们的生活水平也相对提高了，消费水平的确发生了很大的变化，但现代人的幸福指数却在下降，实际上这种变化并不应该意味着奢侈的开始、价值观的扭曲，从而形成一味追求金钱、享乐、挥霍无度的腐败风气。

其实，我们父母作为孩子成长的坚实后盾，永远在孩子的身后给予他最多的支持与信任，越早放手孩子越是父母对他们最大的爱，相反，给予他们最大的物质享受，把对孩子的爱全部化为金钱的形式，什么都为孩子承担的父母是不负责任的，当很多问题本来可以动用脑筋和双手解决的时候，他们会惯用金钱的方式来解决。他们在不经意间剥夺了孩子独立成长的权利，当孩子有一天必须要独自面对生活的时候，这种爱就成了影响他们独立的杀手。金钱万能的观点会让孩子失去锻炼的能力和机会，这种金钱依赖的心理也无法让孩子真正成长，孩子也往往经不了社会大潮的洗礼。避免让孩子形成事事依赖金钱，教育专家建议作为父母，应该从多方面努力：

1.父母要让孩子树立一种正确的金钱观

有很多东西都是金钱买不来的，如爱、时间等。"一寸光阴一寸金,寸金难买寸光阴",金钱能买到钟表,但却买不到时间;金钱能买到书本,但买不到知识;金钱能买到朋友,但买不到友情……

2.让孩子体会挣钱的不易

一些孩子之所以大手大脚花钱,喜欢和别人攀比,是父母从小未曾对他进行过勤俭节约的教育。父母的钱袋永远向他敞开着,加上父母对他的宠爱,他根本就不知道金钱的价值和劳动的意义,认为只要自己伸手,父母就能拿出钱来,甚至很多孩子不知道父母的钱是从哪里来的。父母要想让孩子会勤俭节约,就要让他知道金钱的来之不易,这样他才会知道节省。

一个周末的下午,小雨要爸爸带她逛商场。她看中了高档的衣服,还要高档的玩具,爸爸不给买,她就撅着嘴不理爸爸了。

爸爸看到女儿这样,想到了一个卖衣服的同学,一个好办法在他心里涌现。

他说:"小雨,你想要买东西,爸爸可以给你买。但是,你得先答应帮爸爸一个忙。"

小雨听爸爸这么说,爽快地答应了。

"爸爸有个同学是卖衣服的。这样,你先跟叔叔去卖衣服。叔叔卖出去10件衣服后,爸爸就给你买你刚才看上的那些衣服和玩具。"

从没卖过衣服的小雨很高兴,觉得很新鲜,立即回应爸爸:"好啊好啊,卖10件衣服很简单嘛。咱们快走,找叔叔去!"

于是,爸爸把小雨带到卖衣服的叔叔那里,小雨就一本正经地跟叔叔站在一起,帮助叔叔卖衣服。虽然小雨和叔叔每次都很热情地招呼顾客,可一个多小时过去了,一件衣服也没卖出去。

直到快中午了,小雨难过得不得了,没想到卖衣服这么难。而当天下午,小雨和叔叔的生意有所好转,卖得很好,当爸爸拉着小雨的手要去买衣服时,小雨摇着头说:"爸爸,我不要那些东西了,就从叔叔这里买一条便宜点的裙子吧。你们挣钱太难了。"

小雨的爸爸是个教育女儿的有心人,生活中,很多父母总是苦口婆心的教育孩子:"女儿啊,你一定要省着花呀。爸爸每天出去工作,好辛苦啊。""孩子,爸爸挣钱不容易啊,你不要再买那么贵的衣服了。"其实千言万语,都没有让孩子去亲自体会一下挣钱的艰辛效果来得好。

3.养成艰苦奋斗的作风

我们常说"大富由天,小富从俭""聚沙成塔""滴水穿石",这些都说明了节俭在生活中的重要,真正聚集生活的财富,除了要"开源",还要"节流",别忽略了"当用不省"的道理,否则不就成了"守财奴""铁公鸡",有可能委屈自己又影响了生活质量,甚至失去了助人行善的机会。父母要教育孩子把金钱用在刀刃上，如可以带孩子经常参加一些社会公益活动，让他认识到金钱的真正价值。

总之，随着现代社会消费水平的变化，我们父母也要引导孩子形成一种正确的金钱观，而不是让生活水平的提高成为孩子奢侈的开始，更不能让他扭曲价值观，从而形成一味追求金钱、享乐、挥霍无度的奢靡风气，正确地认识金钱，不忘艰苦奋斗的美德，才能有朝一日，放开孩子的手，让他独自面对！

第02章

培养孩子全方位的能力，父母不要做的事

当今社会，任何一个孩子进步，要想超凡脱俗，想要紧跟时代的步伐，就必须要努力学习。然而，如果孩子只是一个只知死读书的"书呆子"，那么，是无法适应未来社会的竞争的，我们父母必须要把孩子培养成灵活多变、全方位的人才，为此，我们父母要避免一些本章中的错误教育方式，与此同时，还要因势利导，激发孩子学习的兴趣，挖掘孩子的潜能和长处，弥补其短处，据此来培育孩子的出众的能力，把孩子培养成一个富有智慧的人，让其受益一生！

总是按照自己的想法来——不要以成人的标准来约束孩子

5岁的豆豆特别活泼,一天,妈妈带他去楼下玩,妈妈在前面走着,豆豆在后面跟着,但过了一会儿,妈妈回头却发现儿子不见了,妈妈急忙四处寻找,发现在不远处的草地上,豆豆正趴在地上,专注地玩什么东西。

妈妈悬着的一颗心落了下来,她悄悄地走到豆豆背后,发现小家伙正专心致志地用一根草棍拨弄着一只小虫子,翻来覆去,仔细观察蚂蚁的每个动作。"宝宝,你在干什么?"妈妈问。"妈妈,我正玩小虫子。"

"玩什么虫子,我不是告诉过你吗,不要在地上玩,太脏了。"说完,妈妈就拽起豆豆离开了。

这里很明显,豆豆妈妈的做法是不对的,豆豆玩虫子,是好奇心的表现,每一个活泼好动的孩子,对世界都有着强烈的探索欲望,总是具有敏锐的观察力、想象力和思考力,而这些是成才的关键,如果我们家长忽略了这一点,而把它当成不听话、犯错误的行为,就大错特错了。

生活中,不少父母都感叹孩子太调皮了,不好管教,而其实,孩子都是天性活泼的,作为父母,我们要理解孩子的行为，也别用成人的标准来约束他们。

对于孩子调皮好动的行为，我们父母可以这样引导：

1. 理解孩子调皮捣蛋的行为

很多孩子调皮捣蛋，父母带他出去玩，他总是喜欢做一些危险动作，比如登高、从高处往下跳。父母因为担心他的安全而制止他们的行为。

在中国传统的教育理念中，认为孩子好静更好，甚至总是约束孩子的一些行为。但其实，孩子是需要自由空间的，需要有广阔的天地来让他们成长，因此，对于孩子那些活泼好动的行为，我们不必强加干涉，只需要做到保护他的安全，要知道，孩子在奔跑、跳跃、攀爬这些活动中，更易获得健康的身体，也更易活跃大脑。

2. 别要求孩子盲目听话

童话大王郑渊洁说他从来没有对自己的孩子高声说过一句话，也从来没有说过"你要听话"。"因为我觉得把孩子往听话了培养那不是培养奴才吗？"因此，对于孩子的不听话现象，你不妨告诉孩子："爸妈并不是要你盲目地听我们所说的每一句话，什么都听话的孩子就是庸才。"这样说，会很容易让孩子感受到父母对自己的理解。

3. 鼓励孩子有自己的思维方式

我们的孩子，他们也有自己独特的思维，作为家长的我们，如果用成人的思维方式对他们粗暴地干涉，就会扼杀他们的想象力和创造力。

4.给孩子一个行为标准

这个行为标准的制定必须是在和孩子已经站在统一战线的前提条件下，也就是孩子认可有时候父母的话是正确的。

此时，你应该告诉孩子一个原则，一个标准。在这个标准下，他知道什么东西去执行，什么东西坚决反对，掌握好这个度就可以了。不是不管他们，而是怎样合理地管的问题。

因此，综合来看，孩子活泼好动，是他们的天性，我们父母不能要求他们一味地听话，要知道，盲目听话的"乖孩子"真正成为社会精英、业界尖子的不多，当然，我们也要给孩子一些行为标准，让他们在合理范围内按照自己的想法对待生活和学习。

盲目轻信——鼓励孩子敢于质疑、开动大脑

一天晚上做作业时，东东发现数学老师布置的题目不对，怎么算都是错的，他也不敢肯定，所以反复演算了几笔，结果都证明老师的题出错了，于是，他拿着作业本去找在看电视的妈妈：

"妈妈，你看，老师这道题错了，我怎么做？"

"怎么可能，你自己搞错了。"

"真的，妈妈，您看看嘛！"

无奈，妈妈拿过来看了看，发现果然是一道错题，然后赶紧给东东道歉："对不起啊，儿子，妈妈错了，妈妈不该只顾着看电视，而打击你质疑问题的积极性，以后遇到类似的问题，你都可以来问妈妈，妈妈不知道的，也会找人帮你解决。"

其实，无论是学习还是日常生活中，我们的孩子是有一定的自主意识的，但是，很多时候，孩子质疑的精神却被家长扼杀了。比如，当孩子遇到疑问时候，他们会告诉孩子："你把老师教的学好就行了，别管那些，简直耽误学习！"孩子放学回家的时候，家长问孩子第一句话："老师教的知识都记住了吗？""今天考了多少分？"于是，孩子在父母这些"谆谆教导"下，开始变成一个"听话"的孩子，而孩子质疑问题的积极性也就打消了。

我们的孩子的头脑不是一个亟待填满的容器，而是需要我们父母点燃的火苗，父母一定要消除"听话的孩子就是好孩子"这一观念，也不要用家长的架子压制孩子，更不要认为老师说的就是对的，反而要不时启发和培养孩子敢于质疑的精神，鼓励孩子在学习中勇于提出问题，敢于表现自己，敢于独出心裁，敢于挑战权威、挑战传统，努力使孩子养成想质疑、敢质疑、会质疑、乐质疑的良好习惯。

那么，作为父母，我们该如何培养孩子的质疑精神呢？

1.允许孩子说出自己的想法，允许孩子有自己的想象力

孩子的想象力是孩子学习和创造的动力之源，具备想象力的孩子才敢于质疑，没有想象力的孩子就像一潭死水，没有生机和活力。作为家长绝对不能有意无意扼杀学生的想象力。那么，如何保护和培养孩子的想象力呢？这就要求家长要有足够的耐心，要允许孩子说出自己的想法，对孩子充满想象力的答案要给予表扬，遇到问题鼓励孩子打破常规，发挥自己的想象力，不要用标准答案要求孩子，允许孩子有不同的答案、不同的见解。对于孩子的错误要宽容，久而久之，才能培养出孩子善于想象的天性。

2.培养孩子多动脑的习惯

思考是提出疑问、发现新问题的前提，许多非常成功的人，都是善于思考的。牛顿通过对苹果落地现象的质疑产生了关于重力的思想；爱因斯坦通过对太阳的质疑产生了关于相对论的思想；爱迪生因为最爱向老师问"为什么"而成为伟大的发明家。一个只知记忆，不善思考，不敢质疑问难的孩子不是个好孩子，不会有创新能力，只能是一个平平庸庸的人。父母要想让你的孩子有所突破的话，就要鼓励孩子多思考，比如，在做数学题的时候，你可以鼓励孩子多找出其他解题的方法；当孩子对某些生活现象产生疑问时，你也要鼓励孩子多思考，久而久之，孩子爱思考的习惯也就养成了。

3.重视孩子提出的问题,培养孩子质疑的积极性

很多父母认为问题应该在课堂上,孩子平时问一些不着边际的问题对学习没有任何好处。于是,对孩子的问题,他们往往采取的是忽略甚至批评孩子,其实,生活中的问题也是问题,解决这些问题既能增强孩子的求知欲,又能对培养孩子的批判性思维也有很大的帮助。所以,作为父母,不必怕孩子问来问去,而要鼓励他去发现问题。

只关注成绩——支持孩子发展兴趣爱好

"一天晚上,我在厨房做晚饭,听到客厅传来并不是很好听的歌声,我走进客厅,看到我10岁的女儿在随着伴奏的音乐唱歌,我马上对她说:'宝贝,你唱的简直太棒了!'现在她已经出了自己的专辑,我是她忠实的歌迷。"

"豆豆8岁的时候,我给她做了一块小黑板,从此她每天都教邻居家分别4岁和5岁的小男孩识字。现在她是一所中学的教师,学生们都很喜欢她。"

"很多年前,我给女儿娜娜买了一个漂亮的芭比娃娃,接下来的日子我发现女儿经常给娃娃做新衣服,她做的衣服剪裁还不够细致,针脚也不够整齐,可是非常有创意,她也很善于搭配色彩和花纹,现在她正在读服装设计专业。"

然而，我们却发现，现实生活中，一些父母认为，成绩好才是王道，于是，他们把所有精力都放在引导和帮助孩子提高学习成绩上。而事实上，正是因为父母对孩子兴趣爱好的忽略，才导致了孩子智能开发的大门关上了。

另外，从未来社会对人才的要求来看，真正能在社会上获得很好发展机会的人才，都是具备很好的创新能力的人和全面发展的人，因此，父母不要为了追求短期的效应，让孩子把所有精力都放在学习上而忽视了孩子其他方面的发展。尊重孩子的兴趣，让孩子快乐地学习和成长，才是防止孩子在未来出现短板的最好的教育方法。

有人说，家庭美育是一门学问，如何培养孩子的兴趣、爱好，发展其个性特长是家庭美育的核心和重点内容，支持你的孩子，孩子才会支持你的教育。当然，培养孩子兴趣、爱好和特长的方式、方法很多，不能一概而论，每位家长应根据自身不同的条件和孩子的不同表现，因人而异，因材施教，这样才能获得成功！

那么，作为父母，该怎样发现孩子的兴趣爱好并加以引导呢？

1.允许孩子在多领域尝试，并允许孩子犯错

当孩子在选择自己的爱好和兴趣时，父母应该给予其最充分的自主权，尊重、鼓励和支持孩子的选择，兴趣是最好的老师，任何孩子都具备一些潜能，而这潜能的开发建立的基础就

是孩子的兴趣，而不是什么所谓的"热门"和"有用"。

家长要给孩子多领域的尝试机会，使其扩大接触范围，拓宽视野，这等于说给了孩子更广的空间去发现自己的兴趣点。

当然，孩子在各方面都缺乏稳定性，容易对事物"三分钟"热度，这是家长们经常谈的问题。父母对孩子应该理解，不要认为孩子是"开玩笑"，而非"兴趣"，也不能不问青红皂白就直接判断孩子是不喜欢这个活动了。

遇到这样的情况时，家长应该先和孩子沟通一下，了解孩子内心的真实想法，问清楚孩子为什么"不喜欢学下去了"，是没有兴趣了？还是难度大？只有当明确了原因，才能对症下药去解决问题。

同时，你要明白，孩子在追求自己的兴趣的过程中，也是会犯错的，孩子有兴趣，并不代表孩子是天才，我们的孩子，或者说包括所有的比较优秀的孩子，他们往往总是按照"犯一个错误——认识一个错误——改正一个错误"成长起来的。所以，我们必须允许孩子犯错误和改正错误。

2.不要把你的兴趣和爱好强加给孩子

很多有所成就的家长都希望自己的孩子能按照自己的兴趣、爱好，甚至为他规划的人生走下去，早有"子承父业""书香门第"之说，生活中这样的例子也是数不胜数：医生的女儿当护士，教授的女儿当老师……

父母总把孩子放在自己的掌心，而他却渴望一片自己的天空。这种"独裁"只会把你的孩子从你身边拉走。中国的家长们太喜欢包办代替，操心受累之余还总爱不无委屈地说一句："我什么都替他想到了，能做的我都做了，我容易吗？"可是对于这一"替"，孩子不但不领情，反而加剧了他们的逆反心理，尤其是年纪稍大点的孩子，他们更愿意固守自己的意志而拒绝家长的好心安排。

3.善于观察，发现其兴趣和天赋，善加引导

无论在学习还是个性发展上，孩子都有其自主性，但人都是有差异的，孩子也不例外，不同的孩子，自然会有不同的兴趣，作为家长，不要有跟风心理，不要认为"谁家孩子学什么有什么成就"，就让你的孩子学什么，也不要轻易否定你的孩子的兴趣，而应该善于观察，发现他们的兴趣和天赋，因势利导，因材施教，使孩子的兴趣沿着积极、健康的方向发展。

但家长要注意：首先，家长得和孩子有充足的时间在一起，才能谈得上去观察。可以利用休息时间，与孩子一起去购物、运动、阅读，参观博物馆，甚至是一起做家务，一边能与孩子交流感情，促进亲子关系的良好发展，一边了解到孩子的兴趣爱好。

另外，孩子有时候会在别人面前表现出家长不曾见过的一面，所以了解孩子的兴趣爱好，还可以参考从孩子的老师、爷爷奶奶、外公外婆那里获得的信息。

4.帮助孩子扩展视野,从而明确孩子的兴趣和爱好

孩子如果没有机会接触世界上各种奇妙的事物,他们很难对外界发生兴趣,父母也就可能很难找出孩子的兴趣。因此,父母应该创造机会开阔孩子的视野。

当孩子还小的时候,孩子的兴趣和爱好可能仅限于那些玩具、娃娃上,其中有个很重要的原因是孩子的视野小,孩子长大后,如果眼界太小,是很不容易明确自己的爱好和兴趣的。对此,父母可以经常带孩子出去走走,也可以常带孩子逛书店、买书,并经常在家里读书看报,向孩子讲述书中有意思的故事、娱乐性的内容或科普知识等;也可以带孩子去参加一些音乐会、绘画展等,让孩子感受艺术的气息,培养孩子的艺术修养。

课余也不让孩子玩耍——寓教于乐,丰富孩子的课余生活

对于我们的孩子来说,他们从学龄期开始,大部分的时间都在学习,而高强度的学习生活,让不少孩子感到压力很大。孩子玩耍的时间越来越少,对此一些家长认为,孩子的主要任务不就是学习吗?一些家长更是剥夺了孩子的所有娱乐爱好,而长久下去,孩子只会对我们失去信任,不仅会影响亲子

间的关系,对孩子的成长也是不利的。其实,在教育孩子的过程中,重要的是全方位细心地关注孩子生活、学习中的真正需要,尊重他们,真诚地关心他们,让他们信任你,两个人像朋友一样交往。

那么,家长应该怎么做呢?家长要明白的是,父母和孩子之间的关系,是长期建立的,因此,丰富孩子的家庭生活需要长期的努力。

1.引导孩子读书

父母往往会把自己的读书兴趣和习惯传递给孩子,孩子会在潜移默化中受到影响。美好的亲子阅读时光和互动,不仅能让孩子自由地发问、思考,而且能增进亲子感情。父母对书中内容的引导,会给孩子留下深刻的印象。

2.让孩子在游戏中学知识

每个孩子都不喜欢枯燥的学习形式,父母和他一起游戏,就能够在欢乐的气氛中把知识传递给孩子,当然,这种方式只适合年龄尚小的孩子,游戏也并不是网络游戏。

3.多带孩子出去走走

有人说,读万卷书,不如走万里路。其实,哪一样都很重要。孩子的日常读书是一个持续的过程,而孩子小的时候若是能出去走一走,那么他对大自然的欣赏、对民俗风情的理解以及对另一环境里的人民的生活状态的认识,都会对孩子未来的生活和职业选择产生影响。

4.让孩子学会多探索，多记忆

多种方式让孩子探索。孩子记忆力是超过父母想象的，他们在眼睛看、耳朵听的同时，还在积极思考。所以，父母可以通过各种方式让孩子在知识的海洋中探索。

5.丰富孩子的课余生活

我们父母可以根据孩子的个性特征，培养孩子的一些爱好，比如，培养他的鉴赏能力，陪他读书，让他听名家的琴曲，这样，虽说不能培养出"琴棋书画"面面俱到的孩子，但是这对孩子性格修养、丰富孩子的精神世界和良好的心态都是有益的。

6.通过各种方式让孩子了解到沉迷游戏和娱乐的危害

家长要明白，把孩子和游戏以及娱乐隔离开，是一种不明智的做法。正确的教育与引导才是正确的。

成长期的孩子，正处在人生观和价值观的形成期，好奇心强、自制力弱，极易受到异化思想的冲击。无论何种形式的娱乐，都带有趣味性，能帮助孩子成长，但沉溺其中，就对孩子的成长极其有害，家长要意识到这个问题，通过丰富孩子的精神世界，让孩子把握好娱乐的度，孩子自然能了解到如何自制。

其实，不仅是孩子沉溺玩乐中，对待孩子成长中的其他问题，也同样是这样，富足孩子的精神世界，才能培养出懂得更多、更自信、更坚强、更聪明、更优秀、更健康的孩子，才能彻底改变他们以往不良行为和习惯，从而使他们树立正确的世界观、人生观。

7.让孩子努力学习科学文化知识

学习始终是孩子作为一个学生的必要,孩子如果想要进步,想要紧跟时代的步伐,要想超凡脱俗,就必须要努力学习。父母们对这一点要有个清醒的认识,据此来培育孩子的自主学习能力。

放任孩子花钱——尽早培养孩子的理财能力

现象一:朗朗今年上小学四年级了,他动不动就向别的同学借钱,还在学校门口的小卖部里赊账消费。到了实在赊不到的时候,他就回家以各种理由找妈妈要钱还账。当妈妈问起朗朗的老师为什么学校总是乱收一些费用时,爸爸说:"才几个小钱,孩子要就给他呗。"他们哪里知道那些所谓的学校收取的费用,都被儿子拿去胡乱消费了。

现象二:一位10岁的男孩拉着父母走进一家服装专卖店,看到一身高档运动衣便让父母给他买。当母亲说他穿的运动衣几乎还是新的时候,他却说那身运动衣再穿就会落伍。这时,站在旁边的父亲一边掏银行卡一边说:"讲节俭的年代已经过去了,他想要就给他买吧。"

的确,随着生活水平的提高,很多家庭逐渐富裕了,孩子是家庭富裕的"直接得益者",家长对孩子提出的要求也是尽量满足。可是,事实上,这种给孩子大把的钱花的教育方式是百害而无一利的,罗伯特·清崎曾表述过这样一个观点:"如果你不教孩子金钱的知识,将会有其他人取代你。如果要让银行、债主、警方,甚至骗子来进行这项教育,这恐怕不会是项愉快的经验。"因此,家长们不要把给孩子零用钱当例行公事,教导孩子们如何管理手上金钱,并赋予他们理财的责任才是重点。

相比之下,西方的父母是这样教育孩子的,他们把培养孩子的理财能力的时间逐渐提前。例如法国,早在儿童3~4岁阶段,家长就开始对孩子进行理财启蒙教育,让孩子认识货币、了解货币的基本概念,而到了孩子10岁左右,则开始为小孩设立独立的银行账户,积极培养孩子的理财观。美国也是如此,对于儿童理财教育的要求是3岁能辨认硬币和纸币,6岁具有自己的钱的意识,13岁开始外出打工赚零花钱,以及了解和学习如何运用基金与股票等投资工具理财。

所以,作为家长,应该把理财能力的培养当成家庭教育的重要组成部分,如果你的孩子对金钱没有正确的认识,有花钱大手大脚的毛病,家长千万不要一味地批评、指责孩子,孩子正确的理财观念是在日常生活中一点点地培养出来的。

教会孩子理财,应从小开始。根据学者研究,儿童接受各种能力的培养,都有一个关键期,以语言能力训练为例,

2至4岁堪称为关键期。若是希望培养儿童数理能力，那么4到6岁便是关键期。对于稍具难度的理财能力而言，培养的关键期为5到14岁。那么怎样教会孩子理财呢？你可以尝试以下方法：

1.让孩子了解家庭的财务情况

这包括，让孩子记录财务情况；明确家庭的经济目标；了解收入及花销；制定预算，并参照实施；削减开销等。

让孩子尝试着做这些，有利于树立孩子节俭和投资的意识。孩子会知道要削减开支，节省每一块钱，因为即使很小数目的投资，也可能会带来不小的财富。

2.对孩子理财恪守尊重和信任的原则

家长要相信，孩子一定可以管好自己的钱，相信孩子可以做好。尊重是指把孩子当成一个独立的成人来看待，对于他的一切思想、看法、情绪和情感，父母可以帮助他探索，引导他辨别，而不是进行贬低和指责。信任孩子不是一件容易的事，这对父母的信心是一种考验。许多父母对孩子的信心是建立在孩子做得好的基础上的，一旦孩子没做好，父母就无法再信任孩子了。这其实就是不信任。真正的信任是，虽然没做好，但仍然相信他以后可以做好。孩子对自己的信心是父母的话语塑造的，父母始终如一的信任，相信孩子可以独立，可以演化成孩子内心百折不挠的精神力量，使他们受用终身。

3.给孩子"当家"的机会

现在，几岁到十几岁的孩子都已经接触钱了，但是他们往往不懂得"柴米油盐贵"，所以，他们才会动不动就要求妈妈买昂贵的文具、名牌的衣服等。遇到这种情况，妈妈可以给孩子一些机会，让他们去买菜、交水费、交电话费等，使孩子知道家里的钱是怎么花出去的，父母每个月都需要支付哪些开支。这样，孩子有了了解家中"财政"的机会，就会慢慢学会节约了。

4.建立理财目标

理财的最终目标无非是希望能理性消费，提高消费能力，因此父母可与小孩讨论建立储蓄目标，例如购买玩具、脚踏车、溜冰鞋等，然后协助孩子从每个月的零用钱当中，规划出一个消费表，透过目标建立孩子的预算观念。

总之，在孩子小的时候，家长就应有意识地培养孩子的理财能力，指导他熟悉掌握基本的金融知识与工具。不过在此要提醒的是，训练理财的内容必须依照孩子心智发展情形而定，找出适合他的理财学习方法。教会孩子理财，从短期效果看是养成孩子不乱花钱的习惯，从长远来看，将有利于孩子尽早具备独立的生活能力，使其在高度发达、快速发展的时代中，具有可靠的立身之本。

剥夺孩子观察的机会——培养细腻、思维活跃的孩子

现实生活中，我们发现，有一些孩子，他们在家长的培养下，认知能力得到发展，而情感能力却未得到开发。无论是学习还是生活，从小父母都对孩子大包大揽，而到了高年级后，当父母必须放手时，他们才发现孩子根本适应不了。长此以往，孩子的学习能力就会低下，离了大人就不会学习。最令人伤脑筋的是粗心会变成一种行为方式，演变成凡事都冒冒失失、粗枝大叶，成为真正的"马大哈"。

孩子本身就是细腻的，喜欢用眼睛去观察周围的世界，然后做出自己的结论。因此，父母绝对不能一味地培养书呆子，不能剥夺孩子观察的机会，而应尽可能地引导孩子多多观察周围的事物，为孩子提供准确观察周围事物必需的材料。这样，孩子的想象力才有现实的基础，才会更精确，更有创造性。

圆圆今年刚上初一，就在今年夏天的一天，她在公交车上擒了一个小偷。

这天是周末，妈妈答应带圆圆去书店买课外资料。中午的时候，圆圆和妈妈吃完午饭以后就出发了。上了公交车以后，圆圆发现，车上已经没有座位了，她和妈妈只好站着。可能是夏天大家都比较容易犯困，在冷气很足的情况下，大家都迷迷糊糊睡着了。圆圆也掏出自己的手机听起歌来。

但就在此时，她看见站在车中间的一个男人用刀划开了一

位女士的皮手袋,圆圆当然想立即就指出来,但她转念一想,万一对方否认怎么办,一定要拿到证据,等对方将女士的钱包掏出来以后,圆圆赶紧大叫:"大家抓小偷,就是他,穿黑色T恤的那个男人。旁边的阿姨,你看你的手提袋……"

"小丫头片子,你胡说八道什么呢?"很明显,对方紧张起来了。

"你不要抵赖了,大家要是不信的话,可以让司机叔叔把刚才车内的录像带都拿出来看看,另外,那个阿姨的钱包是长款的,你的裤子口袋似乎装不下吧。"圆圆在说这句话的时候,大家瞟了一下男人,发现他的裤子口袋果然露出半截皮夹。

"这是我……我老婆的钱包。"

"是吗?那你说说里面都有什么东西?"

男人这下子不知道说什么好了,而此时,这位被偷的女士说:"其实,我的钱包里只有一百元现金,哦,对了,还有张我和我女儿的照片。"

这下,男人哑口无言了,最后,不到几分钟的时间,警察就过来了。

故事中的圆圆是个机灵的孩子,在车上,她一下子就看到了站在人群中的小偷,而且,她并没有直接指出来,而是在对方已经拿到罪证后才喊抓小偷,此时,对方已经无法抵赖了。

很明显,这样的孩子是值得父母骄傲的。其实,这样机智聪明的孩子是可以培养出来的。因此,作为父母,你若想培养出有细心、有眼力见的孩子，就必须从现在开始培养孩子的观察力，具体来说，你需要做到的是：

1.鼓励孩子走出学校，多接触社会

作为父母，不要再认为帮助孩子排除危险因素就是爱孩子，总把他们拴在身边，对他们实行二十四小时保护，这样，孩子是很难适应未来社会竞争的。

有社会经验的孩子是真正的智者，因为他们有更多的阅历，更懂得如何保护自己和他人，而相反，一个整日把精力都放在书本上的孩子是和社会脱节的，他日，当自己遇到危险时，他也可能束手无策。

2.有计划地让孩子执行一些观察计划

比如，你可以让孩子自己学会种一盆花，然后每天观察其变化，还可以写观察日记。这样的观察活动，既有兴趣，又有丰富的内容，效果很好。

另外，你还可以让孩子自己学会煮饭，如多少米，怎么淘，放多少水，大火烧多长时间，小火焖多长时间。当然，对于年幼的孩子，为了安全起见，你需要对其进行一番指导。

3.提醒孩子要有警惕心

孩子其实比大人更细腻，他们更善于发现生活中大人们容易忽略的问题。一个善于观察的孩子也总是能先人一步察觉到一些危险因素，因此，父母更要提醒孩子要有警惕心，提高他们的自我保护意识。

4.有意识地让孩子学会察言观色,让他做一个善解人意的人

人际关系好的孩子一般都能照顾到所有人的情绪,因为他们善于察言观色,能察觉到交往时的一些不安分因素,并懂得见机行事。而孩子的这一能力是不可能凭空获得的,这需要父母在生活中对孩子进行培养。

总之,身为父母的我们要明白的是,观察能力是孩子智力发展的重要条件。然而,每个人观察力不是自然而然形成的,它需要经过长期的观察实践和观察训练。这就需要我们把对孩子的观察力的培养融入日常生活和学习中。

第03章

保护孩子善良的天性，父母不要做的事

我们不难发现，在我们生活的周围，有一些孩子总是很讨人喜欢，他们"得道多助"，无论走到哪里，都有朋友，都不会感到孤单，这是因为他们有善良、阳光的个性，也有一些孩子，自私冷漠、以自我为中心，缺乏爱心，而后者是因为父母错误的引导、教养方式导致的，其实，我们父母教育孩子，不仅要教育孩子掌握知识、提高学习成绩，更要身体力行让孩子学习"从善如流"，还要让他在生活中形成善良的品质，善良是每个孩子最珍贵的财富，会照亮孩子的一生。

麻木不仁——助人为乐要从父母做起

中国人常说"助人为乐"这四个字，这简单的四个字，却蕴含着人世间至真、至诚、至美的奇妙含义。在家庭教育中，我们也常常教育孩子要助人为乐，因为懂得帮助他人的孩子，使对方的困难得以解决，使别人的不便变为方便，可以从帮助别人的过程中发现自己的生存价值，孩子自然就会有一种成功的体验，正如歌德所说："你若要喜爱你的价值，你就得给人创造价值。"

事实上，我们的孩子天生是富有爱心的。然而，我们却发现，生活中，有一些父母，在面对他人需要被帮助的情况时常表现出麻木不仁的态度，甚至当孩子主动伸出援助之手时不但没有认同，反而斥责和反对，久而久之，孩子就会受父母影响，形成"自私自利""自我中心"的性格：他们只顾自己，只考虑自己，这样的孩子，很难交到知心朋友，也很难得到他人的帮助和支持。

我们深知，养育一个孩子很难，但养育一个具有良好品质的孩子更是难上加难，像诚实、善良、仁爱和奉献这样的理念对于成长中的孩子而言是模糊且难于掌握的，特别是儿童可能会从学校的同学、朋友以及媒体那里得到相互矛盾、抵触的信息。那么，在这种极富有难度的情况下，父母应该怎样培育出一个助人为乐的孩子呢？

第一，当孩子还小的时候，给孩子进行善恶对错的教育，让孩子形成正确的价值观。"种瓜得瓜，种豆得豆。"从小在孩子心灵这片土地上，播下"助人为乐"的种子，长大后，他们就会像美丽的天使一样关心别人的疾苦，多为别人办好事，体验到完美人生的快乐；如果种下"自私自利"的种子，孩子长大后只会关心鼻子尖底下的丁点儿小事，怎么能有所作为，又怎么能获得快乐呢？

第二，让孩子经常参加一些慈善活动或者助人的社会实践活动，让孩子感知别人的疾苦。例如，让儿童为教堂义务劳动，或者打扫附近的公园，这类活动都能教会孩子助人为乐。

第三，父母要参与到助人为乐的活动中来，给你的孩子一个榜样作用。

在生活中，孩子是父母的行动的一面镜子。父母以身作则，为孩子做出榜样，孩子耳濡目染，日久天长也会养成自己的行为习惯。如邻里之间互相关照；帮助孤寡老人的生活；心系灾区灾民，为灾区捐款捐物；单位同事遇到困难时给予帮助和关照；哪怕在公共汽车上给人让个座，这种教育的作用是潜移默化的，将会收到润物细无声的效果。

"我的两个女儿，大女儿12岁，小女儿7岁，她们在很小的时候我就教她们要懂得分享，尤其是和不幸的人，我在厨房里放了一个大篮子，我用这个大篮子提醒孩子们，这个篮子是用来放置一些容易保存的食物的，是能送到紧急救助中心的。每次我和孩子们去购物，她们都会额外买一些东西好放进篮子里，等篮子装满的时候，我就和孩子们把一篮子的食物送到紧急救助中心。然后，我们再重新开始为篮子里添食物。"

孩子爱帮助人，爱做好事，这是人类善良的本性所致，应当弘扬。但是现实生活中，由于很多父母对人生的误解，他们所表现出的自私心理和功利主义，对成长中的孩子极易造成不良的影响。

助人为乐是一个人思想境界的行为体现，是一种精神的升华。有名言说得好："关心他人，竭尽全力去帮助别人，会使人变得慷慨；关心别人的痛苦和不幸，设法去帮助别人减轻或消除痛苦和不幸，会使人变得高尚；时常为他人着想，会丰富自己的生活，增加自己的涵养。"做父母的不仅承担着教育孩子成就学业的责任，还担负着传承中华文明、培养孩子健全人格的重任，教育和帮助孩子助人为乐，每一个家庭都担负着义不容辞的责任！

不尊敬老人——绝不能忽视对孩子孝心的培养

古人说，百善孝为先。一个对自己长辈都不尊敬、不善待的人，会是有爱心的人吗？让孩子从小养成好的品质，将"民德归厚"的基础打好，就不能忽视对孩子孝心的培养。这在如今"四加一"模式的家庭里，尤其重要，我们可以说，在培养孩子的良好品质中，孝敬父母是首位。

然而，在家庭生活中，我们还可以看到这样的情景：吃过饭后，孩子扭头看电视或出去玩，父母却在忙碌着收拾碗筷；家里有好吃的，父母总是先让孩子品尝，孩子却很少请父母先吃；孩子一旦生病，父母便忙前忙后，百般关照，而父母身体不适，孩子却很少问候。也还有这样的情况：尽管每一位为人父母者都希望自己的孩子将来长大成人能够有孝心，尽管大家都知道孝敬父母长辈是中华民族的传统美德，然而在教育孩子时，又往往忽略这方面的内容。

据调查，许多父母对孩子孝敬长辈的要求是很低的。孩子上学离家时能说："爸爸妈妈，我走了，再见！"放学回家见到父母能说："爸爸妈妈好，我回来了。"就相当满意。如果孩子在拿到好吃的东西时，举手让一让爷爷奶奶、爸爸妈妈，长辈们则觉得孩子非常乖。这是把孝心降低到一般文明礼貌来看待了，凡此种种，值得忧虑。

那么，我们的孩子为什么会缺乏孝心呢？其中最关键的是，父母对孩子的负面影响作用，比如，那种"只爱自己的妈妈，不爱丈夫的妈妈"的现象，在年轻妈妈中就相当普遍。很多妈妈在婆婆面前，不称呼"妈妈"，在婆婆背后，称孩子的奶奶叫"老东西"，这对孩子造成的影响是极其负面的。

孝敬父母是中华民族的传统美德，也是各种品德形成的前提。试想一个人连父母都不爱、不敬、不孝，怎么会爱朋友、爱同学、爱老师，成为一个人格健全的人呢？做父母的，一定要身体力行，孩子才能效仿。

有这样一则公益广告：

一位工作了一整天的妈妈回家，在忙完了家中的一切后，端水给老人洗脚，老人对她说："孩子，歇会儿吧！别累坏了身子。"她笑笑说："妈，不累。"

这一幕被家里才3岁多的小男孩看到了，他也有样学样，一声不响地端来一盆水。年幼的儿子吃力地端着那盆水，摇摇晃晃地向妈妈走来。盆里的水溅了出来，溅了孩子一身，可孩子仍是一脸的灿烂。把水放在母亲的脚下，为母亲洗起了脚。广告画面定格在这儿，广告语说："父母，孩子最好的老师。"

的确，孝心就是这样学会的，就是这样传递的，父母是孩子最好的老师，孝心就是在父母的榜样下养成的。因此，要想培养孩子的一颗孝心，父母首先要以身作则，要做孝敬长辈的楷模，因为"身教重于言教"。

因此，除了言传身教、做好孩子的榜样外，我们家长还要从家庭美德入手，重视孩子的孝心教育，具体来说，我们应该这样引导：

1.根据孩子年龄的递进,逐步让孩子了解父母,培养孩子对父母的孝心

随着孩子身心的日趋成熟,培养目标的范围应不断扩大,培养目标的内容应逐渐增多。这种变化应体现出由浅入深、层层递进的特点。下面,我们就给家长朋友介绍一下每个年龄段孩子可以达到的主要目标。

(1)当孩子3~4岁时,知道爸爸妈妈的名字、属相、年龄;知道爸爸妈妈很爱自己;知道爸爸妈妈是做什么工作的,意识到爸爸妈妈工作很辛苦;对爸爸妈妈有礼貌,听爸爸妈妈的话,不对爸爸妈妈发脾气;能向爸爸妈妈表示问候、感谢;自己的事情能自己做。

(2)当孩子4~5岁时,知道爸爸妈妈家务劳动的情况及对家庭的贡献;在爸爸妈妈工作、学习、休息时,能不去打扰他们;能辨认、理解爸爸妈妈的一些情绪表现;能说一些使爸爸妈妈高兴的话;能把好吃的东西先让给爸爸妈妈品尝;能帮助爸爸妈妈做一点小事;对客人有礼貌。

(3)当孩子5~6岁时,知道爸爸妈妈的职业和对社会的贡献;在爸爸妈妈生病时,能给予简单的照顾;能预知爸爸妈妈的一些情绪反应;能做一些使爸爸妈妈感到高兴的事情;乐于承担力所能及的家务劳动;能帮助爸爸妈妈招待客人;能制作节日小礼物送给爸爸妈妈;对爸爸妈妈有信任感和自豪感;学会主动关爱父母。

2.孩子表现出对爷爷奶奶等其他长辈的孝敬，要愉快接受，并且及时加以表扬，最好逢人就夸。

3.父母应该建立一个良好的家庭秩序——长幼有序

父母应事先确定一些准则，作为父母，不能轻视家中的老人。而孩子的什么行为可以接受，什么不能接受，一定要坚持原则，毫不含糊。当孩子对他所知道的界限，以一种傲慢的态度肆无忌惮地进行挑衅时，要让他觉得后悔。不能让他们当面取笑父母，藐视父母的权威，甚至把父母当成出气筒而不受谴责。当然，批评孩子错误行为时，不要夸张，要就事论事，不要贴标签、戴帽子，言简意赅。不要喋喋不休地讲个没完没了，让对方厌烦。

作为父母，我们要知道，我们的孩子就像是一张空白的纸张，如何把这张纸描绘成色彩斑斓的图画，就需要父母的教育。培养孩子的孝心，家长必须身体力行，让孩子去体会，去感受！

有求必应——孩子反而自私自利

万女士最近就非常苦恼，因为她发现自己的女儿越来越自私，有好吃的都霸着自己吃，自己的玩具从来都不肯和其他孩子们一起玩，幼儿园老师也向她反映说，为了争芭比娃娃，她竟然和小朋友们打架。

"我真不懂,我和她爸爸对孩子都是无私的,什么都问问她要不要,但为什么她却那么自私,不考虑其他小朋友呢?"

在现实生活中,这样自私的孩子其实不少,父母越是无私地付出,他们越是自私,这样的苦恼其实也困扰着不少家长。其实,无私地付出不是教养孩子,是宠爱孩子,这对孩子的良好品质的形成是极为不利的,家长要明白"心底无私天地宽",自私的人只会把路走得越来越窄,直至陷入绝境,人要学会付出,才能活得有意义,能够付出爱和宽容的人,总能找到一片广阔的天地。下面,我们再来看看下面的案例:

13岁的姜超,是一名初一的男孩,家庭经济富裕,他从没体会到生活的艰辛和困苦。一次,母亲在学校的号召下,把姜超送到一个山区的家庭"体验生活"。那家有个小孩子,叫妮儿。

妮儿家的房子是用泥土和茅草建造的,屋里黑洞洞的,除了一张破旧的桌子,再没有一件像样的东西了;妮儿长得又瘦又小,个头比自己矮了一大截。为了挣学费,妮儿还要常常去砖窑帮忙挑砖坯。一天只能挣1元2角钱。

看到这些,姜超的心里沉甸甸的。他掏出50元钱放在妮儿妈妈的手里,真诚地说:"阿姨,以后我会帮助妮儿的。"

回来以后,姜超像变了一个人。他不再吵着要妈妈买新玩具了,也不再挑食和吃零食了。整整一个暑假,他没有吃一根冰棍，用省下来的300元钱买了文具、衣服，寄给了妮儿。

这个男孩就是个满怀爱心的人，能够随时发现别人的困难，并且能把帮助别人解决困难当作自己的责任。能够在生活中遇到这样的人，是一种幸福，而他这种品质的获得正是父母有心教育的结果。每个孩子在成长的过程中，人格也在不断地发展，因此适当的生存体验还是有必要的，让孩子明白世界上还有许多不幸的人需要帮助，这有利于孩子正确人格和品质的形成。

其实，每个孩子的心中都有善良的种子，作为父母，我们要维护并发扬孩子爱他人的精神。然而，在不少家庭中，父母越是无私地付出，孩子越是自私，孩子的自私自利表现在这样一些方面：只顾自己，一切以自我为中心，尤其是在金钱和财物上特别吝啬、贪婪。自己的东西无论如何不会给别人，而又特别希望得到别人的东西。这样的孩子很难有知心朋友，其行为还会令大人厌烦。许多自私自利的孩子在外面不知道关心他人，而在家里也不知道心疼父母。尤其是当父母生病的时候，因为自己得不到好的照顾，甚至还会对生病的父母发脾气，让父母感到特别寒心。

因此，在教育孩子的时候，一定要避免让孩子养成自私自利的习惯。真正好的教育，是要让孩子在精神上富足，而不是物质上。家长要做到：

1. 父母对孩子不能盲目溺爱、一味地娇惯

生活中，对于孩子提出的要求，我们首先要看是否合理，对于一些不合理的、过分的要求应予以明确拒绝，并对孩子耐心地讲解道理，指出他们的不足之处，提出批评。当然要孩子一下子就能接受是不可能的，这期间必然有一个适应的过程：

（1）利用"角色扮演"方式，让孩子可以设身处地了解自私自利对他人造成的伤害。

（2）不要因为孩子哭闹而大发脾气或者麻木迁就，而是有条件地加以引导、劝阻。

（3）通过批评和赞美，让孩子了解自私自利的弊端，乐善好施的喜悦。

2. 父母言传身教，别让自己的自私成为孩子学习的负面教材

如果孩子已经出现自私行为，父母要及时寻找方法给予纠正，包括帮助孩子增强利他的价值观，让孩子感受自私行为的恶劣后果。而父母的言传身教更是至关重要，因为自私的父母只能造就自私的孩子。

所以，我们教养孩子，并不是把他置于只享受而不履行义务的特殊地位，要让他懂得欲望的满足和履行义务是同等重要，如有好吃的，不是独自享用，而是主动与他人分享；在家务上，则常常想到自己应该帮父母干点什么。这样，孩子才会养成尊重长者，关心别人的习惯，而不会事事只想到自己。总

之，父母要明白，我们教育孩子，并不是为了培养自私自利的孩子，任何良好的品质都不是一蹴而就的，需要家长精心的培育！

一味地溺爱——只会剥夺孩子的爱心

在家庭教育中，我们经常提到"爱心"，何谓爱心？爱心，是热情开朗的性格和对人、对物、对事的一贯关心的态度。爱心，就是能觉察体验别人的心情，能站在别人的位置与角度，感受别人的欢乐、痛苦、烦恼、失望之心。

其实，我们的孩子天生就是有爱心的天使，有爱心是一种美好的品质。因此，作为父母，要维护孩子纯洁的爱，那是能使一个人任何时候面对任何人都能堂堂正正的根本，也是能让孩子永远纯正的坐标。我们明白，教养孩子，并不仅仅是物质的富足，还是精神的富足，而有爱心这种品质的培养，对于孩子来说，其实就是一种教育投资，教育的富足。

"自私自利""自我中心"是爱心的大敌，但我们明白，它不是孩子与生俱来的，不是孩子的天性。古人说："人之初，性本善"，其实并不是孩子生来就缺少爱心，而是由于父母片面理解了教育孩子的含义，由于对孩子的溺爱、不注意教育方式等，把孩子的爱心在不经意间给剥夺了，把一个有爱心的天使变成了一个自私的公主、皇帝。所以，为了不让孩子的爱心枯竭、泯灭，为人父母者不仅要爱孩子，更重要的是让孩子学会爱。

"溺爱是父母与孩子关系上最可悲的事，用这种爱培养出来的儿童不肯把心灵献一点儿给别人。"如何培养孩子的爱心，在家庭教育中也就显得尤其重要了。家长可以从以下一些方面，尝试着让孩子拥有爱心：

1.当孩子的榜样，父母也要富有爱心

父母是孩子的镜子，孩子是父母的影子。只有富有爱心的父母，才能培养出富有爱心的孩子。孩子时时刻刻把父母作为自己的榜样，父母的一言一行都在潜移默化地影响着孩子，身教重于言教就是这个道理。因此，父母平时就要注意自己的言行举止，做到孝敬老人、关心孩子、关爱他人、乐于助人等，让孩子觉着父母是富有爱心的人，自己也要做一个富有爱心的人。这些就能强化孩子的爱的意识，又能以充满爱心的表率行为导之以行，就能使孩子产生一种积极的仿效心理。

馨馨是个很可爱的孩子，左邻右舍都很喜欢她。因为父母的示范作用，馨馨在家总是很尊敬长辈，爸妈经常教育她要有家教，要有爱心，馨馨都听进心里了。妈妈经常对其他阿姨夸馨馨："吃饭时她会主动为我们摆好碗筷，我们没有吃饭，她自己从不一个人先吃。桌子上摆了水果，她会主动选最好的给父母吃，从来不自己一个人独吃。她事事都是首先能够想到别人,我们有时候真是为她感动。"

2.给孩子创造实施爱心行动的机会

如引导孩子主动帮助左邻右舍干些力所能及的事;或在家长生日时,暗示孩子来表达对父母的爱。而当孩子付出行动后,以微笑的表情、赞扬的语气及时地给予表扬,能激起孩子产生一种关爱他人后的愉快的心理体验,并会产生不断进取的强烈愿望,以致逐步形成把关爱他人当作乐趣的相对稳定的健康心理。

3.教孩子学会移情能力

所谓移情能力是指能设身处地地为他人着想、感受他人情感的能力。比如当看到别人生病疼痛时,要让孩子结合自己的疼痛经验而能感受到并体谅他人的痛苦,从而为他人提供力所能及的物质或精神上的帮助。

4.多与孩子进行闲谈式的情感交流

不少父母很容易犯一种错误,那就是当孩子已经养成任性自私的习惯后,他们会本能地说理,其实这一方法反而会造成孩子抵触心理的产生,而闲谈式交流,能融洽沟通氛围,将严肃的话题在轻松的氛围中说出来,对此,我们可以先谈些孩子感兴趣的事情,缩小彼此的距离,并适时地抓住孩子谈话中某些可以"抒发情感"的内容,真诚地道出自己的心理感受,显得自然得体,给孩子创造了一个了解情感世界的机会,从而愿意相信父母,愿意和父母亲近,而建立在这种关系下的说服教育也易于被孩子接受，作为回报，他也会在日常活动中表现出理解、合作的精神。

5.创造一个温馨愉快的家庭氛围

父母是孩子的第一任老师，家庭是孩子的第一所学校，因此，家长有责任为孩子创设一个益于身心健康发展的和谐、幸福的家庭环境，使孩子在良好的环境熏陶下，学会做人。

6.培养爱心，还要学会关心他人

要鼓励孩子除了"自己的事自己做，不给别人添麻烦"以外，在日常生活中经常以帮助他人为快乐，以会劳动、能负责为荣耀。爱心应当是不图回报、不计代价的。

因此，家长要培养孩子的爱心，首先要反思自己的教育方式——是否溺爱孩子，并且要落实在平时的点滴行动中，引导孩子观察他人的表情，理解别人苦恼、悲伤的缘由，努力想出办法来减轻别人的痛苦、烦恼，使大家快乐。这是一种教育的富足！

第04章

关注孩子的学习问题，父母不要做的事

生活中，我们经常听到有些家长抱怨自己的孩子的学习问题：苦口婆心地向孩子灌输学习的重要性，但孩子就是不爱学习；为孩子报班，希望帮助孩子提高学习短板，但孩子学习效果反而更差；督促孩子学习，孩子反而行动迟缓……说到底，之所以出现这些问题，不只是孩子的原因，更重要的是我们父母的引导方式错误，事实上，我们关注孩子的学习，也要避免一些教育误区，那么，有哪些误区呢？我们将在本章中揭晓答案。

总是唠叨"快去学习"——会打消孩子学习的积极性

现实生活中,我们家长常说自己压力大,承受着工作压力和生活压力,上有老下有小,但其实,我们的孩子何尝不是如此呢?

对于成长中的孩子来说,他们不但要承受身体发育的带来的烦恼,还必须面临残酷的升学竞争,而现在的家长对孩子往往寄予厚望,总是催促孩子"快去学习"等于无形中给孩子很大的压力,容易造成孩子身心负担过重,继而产生厌学情绪,加之有的学校为了提高学生成绩,也对孩子进行高强度的学习训练,久而久之,孩子压力越来越大。

因此,教育专家建议,作为父母,不要总是催促孩子学习,而应该根据孩子的具体情况,适度地安排孩子的学习和生活,并要懂得为孩子减减压。

彤彤有个同学叫王晓丽,不怎么喜欢与人交流,即使下课时间,她也是趴在桌子上看书。但奇怪的是,几次考试下来,她的成绩都在班上的中下游水平。就连班主任老师都不知道为什么,老师也偶尔会看看她的笔记,她的笔记很工整,每一个知识点都记得清清楚楚,每个经典习题也都解答得很清晰。

后来,开家长会后,班主任老师和王晓丽的家长谈了谈,当时王晓丽也在场。

"晓丽同学,你能告诉老师,为什么你学习这么刻苦,成绩却不见提高呢?"老师说完,王晓丽看了看她妈妈,好像不敢说的样子。老师好像看出了这点,就鼓励王晓丽说:"有什么话你今天就当着老师和妈妈的面说清楚,这对你的学习有好处啊。"

"其实,我对学习根本就没什么兴趣,每次,我都是强迫自己背单词、做数学题,因为每天回家之后,妈妈总会催促我去学习,我只能这样。"王晓丽说完,还是朝妈妈看了一眼。

"哎,这年头,我们大人为了孩子,付出了一切,可是,我们真的不知道孩子要的是什么,就跟我们家晓丽一样,我也知道,每天回家后,虽然她表面上看在学习,但心思却不在书本上。"王晓丽妈妈说。

"我大概知道你们家晓丽学习成绩上不去的原因了,因为她对学习提不起兴趣,所以花的时间虽然多,但却没有什么效率。"老师继续说:"作为家长,你现在要做的,就是调整自己的教育方式。"

一个人的竞争力如何,很多时候体现在他有没有自主学习的能力上。因为这涉及一个人最终能否获得丰富的知识,是否能变得博学。同样,每一个孩子也要学会自觉、自主地学习。如果你的孩子能做到自主学习,那么,他的学习效果会就会显著加强,远非注入式教学所能相比。

然而，在很多家庭里，孩子学习的热情和积极性被父母不断地催促打消了，其实，要让孩子积极主动地学习，最重要是培养孩子的自主学习能力，当然，自主学习的能力不是一朝一夕形成的，它是在学习实践中反复训练、反复运用、不断提高的。让孩子学会自动、自发地学习，需要作为父母的我们不断引导。

1.帮助孩子端正学习目的

你要告诉他：你为什么而学习？是父母强逼你学习，还是你有着伟大的梦想？如果在孩子看来学习是一件无奈的事，那他又怎么可能投入全部的热情学习呢？

2.找到孩子不喜欢学习的原因，对症下药

孩子不喜欢学习的原因非常复杂。如果我们加以探讨就会发现实际上并不是孩子不喜欢读书，而是某种因素导致的，如基础差太吃力赶不上，上学被老师批评了对老师有抵触情绪，读错了字遭同学的讥笑，想看电视却被迫写作业等等。这些原因逐渐在内心堆积起来后，孩子便渐渐对学习失去了兴趣。

我们父母首先要和孩子自由沟通，以温和的态度和孩子探讨为什么不喜欢学习。父母了解他的问题所在，就要为他解决。对于因学习困难而对学习不感兴趣的孩子，家长要耐心地帮助孩子找到困难的原因，帮助孩子掌握科学的学习方法。

3.帮助孩子制订详细的学习计划

盲目地学习是没有好的效果的，效率差地学习会让孩子的自信心逐渐消失殆尽，因此，你最好帮助孩子制订一份详细的学习计划：每天干什么，什么时间干，要有详细的计划，计划要切合实际，按照计划学习，才能帮助孩子更好地约束和规划自己，从而提升学习效率。

4.督促孩子坚持学习计划

一直以来，学习都不是一件很轻松愉快的事情，也不是一蹴而就的事情，它必须付出艰苦的劳动。告诉孩子，不要把学习看作是一种负担，一种包袱和苦差事，学习是一种追求、兴趣、责任，一种愿望，学知识是为了人生更快乐，更有滋味，更有激情。

总之，学习过程中，孩子自身才是学习的主人，你应该告诉他学会将自己的全部感官都调动起来，然后积极地参与到学习中去，自己去看书、去思考、去发现问题，分析问题、解决问题，从而让其掌握自主学习的方法，探索知识的规律。

盲目为孩子报各种特色班——只会消耗孩子的有限精力

不知道从什么时候起，小刚就再也没有娱乐时间了，好不容易熬到了周末，他的爸爸妈妈又为他报了书法、英语口语还有奥数三个培训班。周六上午他要去学书法，周日下午学奥数,晚上练口语,还要做老师布置的课下作业,时间被排得满满的。

每当周末去培训班的路上,小刚看到同龄的孩子在自由玩耍的时候就特别羡慕。他多想和爸爸说他不喜欢那些培训班,但是看到爸爸陪他时的辛苦,又难以开口。他觉得很压抑,生活得很不开心,这些培训班已经影响了他的正常学习。

对于很多孩子的家长来说,为了不让孩子在学习上掉队,他们会选择给孩子"开小灶"——报各种特色班,当然也有一些父母,抱着跟风的心理,一名家长说,担心孩子在普通班觉得"低人一等",只得给孩子报了一个计算机特色班。

教育界有关人士在接受记者采访时表示,家长不要盲目为学生报名课外辅导班。每个学生自身的情况不同,成绩不佳既有智力因素,也有非智力因素。家长要了解孩子成绩不佳的根本原因,如有些孩子是因为父母要求过高造成厌学心理,有些孩子受家庭环境影响导致无心学习,有些孩子生活、学习习惯懒散拖沓等等。如果不从根本上找到症结,报名参加课外辅导班往往会事倍功半。

父母为了孩子好,希望孩子有一技之长,希望孩子将来能够更好地在社会上立足,出发点是很好的,但他们忽视了孩子内心的需求。其实父母的一厢情愿很少能够达到成功的教育目的,反而会引起孩子的逆反心理,阻碍孩子的正常发展。

而对于一些年纪稍大的孩子,他们的自主意识增强,只有当特色培训班和他的爱好、兴趣相符合时，才会取得理想的效果。而且，孩子的精力是有限的，他们还肩负着沉重的学业负担，为孩子多报培训班，会让孩子不堪重负，这是违反正常的教育原则的。

那么，父母在为孩子报特色班时，应遵循什么样的要求呢？

1.尊重孩子的兴趣和爱好

给孩子报特色班，应该从孩子的兴趣爱好出发，否则可能会事与愿违，严重的还会导致孩子产生厌学情绪，对生活和学习造成消极影响。缺乏尊重的家庭环境中，孩子没有自己的意识，丧失独立自主的能力，将来走上社会，也难以适应社会的发展。

作为父母，应该尊重孩子的身心发展规律，在了解孩子的兴趣的基础上，和孩子商量、征得孩子的同意之后再为孩子报培训班，这样孩子才会感激你的理解，在学习的过程中更有积极性。

2.要听取孩子的意见

孩子也是独立的个体，他们更希望从家长那里得到认同，家长在为孩子报特色班时，需要认真耐心听取孩子的意见。

3.家长不要有功利心理，要允许孩子发生兴趣转移

人的兴趣爱好不一定是一成不变的，大人如此，更何况孩子，孩子随着年龄的增长，接触面的拓宽以及自身社会经验的加深，他们的兴趣也可能发生变化，比如，小时候他喜欢钢

琴，而现在却对计算机产生兴趣，而有些父母，出于功利心理，不能接受孩子的兴趣转移。比如，因为当初给孩子买了钢琴，就不允许孩子的兴趣再发生变化了。这些父母可能强迫孩子天天练琴，直到孩子彻底丧失对弹琴的兴趣。这种做法并不可取。

其实孩子拥有丰富的兴趣对自身发展而言是种提高，父母要鼓励孩子全面发展自己的兴趣，允许孩子的兴趣发生转移。

4.父母不要盲目跟风

现在社会充满竞争，很多父母看到其他孩子报特色班，害怕自己的孩子掉队，所以会盲目跟风，自行为孩子报特色班。孩子在培训班上心不在焉地听着自己并不感兴趣的课程，为此失去很多自由，但是父母却无视孩子的心情，对报培训班乐此不疲。

父母在为孩子报培训班时要多一些理性，综合考虑孩子的爱好和培训班的教学质量，不要盲目地跟从其他人的选择，在众多的培训班广告前擦亮眼睛，征求自己孩子的意见，只有适合自己孩子的才是最好的，以培养孩子的兴趣为主，让孩子在快乐的培训中发展自己的喜好。

因此，父母要慎重地为孩子选择培训班，不要盲目跟风，要在尊重孩子的基础上，根据孩子自身的特点和爱好帮孩子报特色班，才能使孩子获得长足发展，为他顺利走向社会做好铺垫。

让孩子死读书——注重对孩子实践能力的培养

古人云:"读万卷书、行万里路",学习的最终目的是学以致用,对于孩子来说,社会才是人生真正的战场。作为父母,我们只有让孩子融入实际的生活,才能发现生活中的美丑善恶,才能找到改善生活、改变社会的途径,才能成为一个独立自主的人。

其实,生活中,并不是孩子们不能自主,而是家长不给孩子实践的机会,他们认为,孩子只要努力学习就行了,殊不知,这样只会培养出死读书的孩子。

实际上,孩子力所能及的社会实践活动是值得倡导的,家长应给予支持,因为孩子还是需要在经风雨、见世面的社会实践中才能茁壮成长起来。

倩倩今年6岁半,什么事情都依靠父母,甚至发展到做作业都要父母陪着,当别人问及她以后有什么理想的时候,她说:"永远不长大!"这令别人很奇怪,但倩倩有自己的原因:"不长大就可以永远和爸爸妈妈生活在一起,爸妈可以给我做好一切!"但在接下来的一个月,倩倩似乎变了。父母在北京最冷的一月底让她参加了一周滑雪拓展营,她是其中最小的营员。她生活自理,表现良好。回家后,早上主动穿衣洗脸,还把自己抽屉收拾整齐,慢慢地,倩倩开始能自己学习,并能主动的帮爸妈做一些力所能及的事情。

这里，参加社会实践活动以前的倩倩是令人担忧的，这样的孩子在生活中并不少见，但如果和倩倩爸爸妈妈一样，试着大胆放手，家长或许会发现，用不了多久，那朵温室中的小花会像蝴蝶般破茧而出，并飞得潇洒而自在。

如今，在美国中小学生中流行起了"吃苦"教育。

这一教育形式的目的是让那些不愁吃穿、生活无忧的孩子了解到在世界上的很多角落里依然有吃不饱穿不暖的人，还有很多需要帮助和同情的人，鉴于此，不少学校甚至组织学生上"要饭课"，有意识地让学生们体验饥饿。

为了让孩子们学会珍惜粮食，学会同情穷人，一些学校将"忆苦教育课"设为必修课。位于马里兰州的温顿小学连续开设3天"要饭课"。

吃午饭时，大多数学生扮成流浪汉、乞丐或者穷人，到学校开设的大锅前排队领取食品。他们要来的饭菜不仅不足以吃饱肚子，而且饭菜的质量也相当粗糙，有时只是些很难下咽的水煮土豆。

除了实践体验，学校还开展了忆苦教育讲座，给孩子们讲述美国普通人的过去的生活，告诉孩子们即使在当今的美国，每年至少仍有100万无家可归者。而在全世界，生活在贫困当中、靠乞讨为生的贫困人群至少有2亿人之多。

旧金山市开展的"体验饥饿"活动中，全校11～14岁的孩子们都积极参加。扮作穷人的孩子只能领到一份少得可怜的粗制面包。

在体验活动中,孩子们不仅感受到了饥饿的滋味儿,而且还明白了不应该浪费粮食,更应该同情那些生活在贫困线上的人们。

走向社会是每个孩子必将经历的人生课题,参加社会实践,能让孩子在成长道路上既开拓视野,又增长智慧,最重要的是,能通过亲身感知社会现实状况,从而珍惜现在的生活,在穷养中逐渐独立起来,形成良好的品质和人格。

家长不妨鼓励你的孩子走出校门和家门,去参加一些亲近自然,融入生活,关注社会的实践活动。让孩子从小就融入鲜活的生活,对自己主动发现的生活问题、社会现象进行调查研究,寻求解决问题的方案,增强他们的独立意识和主见能力。通过一些社会实践活动,孩子们会变得敏感、活跃,能用一个孩子的眼睛主动寻找、发现生活中、社会上存在的问题、弊端、不合理之处,从而让他们形成了许多有价值的研究问题,从而开启自己的智慧。

社会实践活动种类多样,包括:

(1)"手拉手"活动。能使生长在城市的孩子心系贫困山区,长知识,献爱心,受磨炼,效果好。

(2)"给祖辈买东西"。让孩子自筹经费10元或15元,给祖父或祖母买一种蔬菜、一种水果和一样日用品,然后送到祖辈手中,看买的东西是不是爷爷奶奶需要的。爱就意味着用心灵去体会别人最细微的需要。在买东西的时候学会讨价还价也是生活需要的本领。

（3）"卖晚报"。会不会推销也是难得的锻炼。如果把报卖完了，所得差价便是劳动的成果。

另外，参加社会实践，对于孩子来说，也绝对不是什么形式主义，更不是走过场。他会在活动过程中，得到许多的乐趣，而这种乐趣正是家长平时无法给予孩子的。有家长认为参加社会实践会影响孩子的学习，那只能说明家长把学习的概念理解的太狭隘了。真正的知识是对于一种事物发展规律的正确认识和经验。如果孩子什么社会生活的经验都没有，那他的所谓知识只能是书本上的"死"知识，而不是生活中真正的知识，这样的孩子也决不能自立，更别说经受得住社会的洗礼了。

那么，家长在让孩子参加社会实践活动的时候，有什么是需要注意的呢？

1.要明白活动要达到什么目的，有没有吸引力

孩子毕竟是孩子，尤其是幼龄儿童，可能对活动的趣味性更关注。再有意义的教育活动，如果没有趣味性，都很难达到一个良好的教育目的。

2.防止走形式

孩子参加社会实践活动，是要达到一种教育的目的，不是走过场。要让孩子自己解决活动中遇到的困难。同时，在一些社会活动中，家长还可以让孩子自己筹划、联系和组织。这

样，孩子可以从中得到更多的锻炼、收获和乐趣。家长要鼓励孩子在社会实践中注意观察，学会提问，善于交往，动手动脑，勤做记录，这样收获会更大。

  3.社会实践的难度要适中，难度过大会让孩子有一种受挫感

  毕竟，孩子是娇弱的，父母要以呵护为主，受挫只是生活中的插曲。孩子有了强烈的受挫感之后，很容易自暴自弃，这对于培养孩子的主见性，反而起到了一个反面作用。

  总之，家长在教育活动中，如果能经常注意调动孩子学习的主动性，多给予孩子参加社会实践的机会，就不仅给了孩子知识，而且能锻炼孩子做事和交往的能力。

拿孩子与成绩优异者比较——肯定才会让孩子变优秀

  这天，在某小区门口，14岁的强强和小飞打起了架，路人叫来了他们的父母。问到原因，强强说："我妈总是说王飞好，每次考试完，她都说：'你怎么不学学人家王飞，人家能拿第一，你怎么就不行？'要是我做错了什么，她就说：'你怎么这么没出息，你看人家王飞多听话……'如果王飞那么好，为什么她不去认王飞做自己的儿子？"

  旁边的强强妈很吃惊，原来自己平时无意中说的几句话对孩子的伤害这么大，于是，她对强强说："乖儿子，妈妈错

了,妈妈之所以那么说,是希望你能向王飞学习,做个听话、爱学习的孩子,妈妈没想到这些话那么伤害你,希望你能原谅我好吗?"听到妈妈这么说,强强流着泪抱住了妈妈。

生活中的很多父母,可能都有这样一个习惯,喜欢拿自己的孩子与他人比较,总觉得自己的孩子没有人家的优秀,不知不觉地会用其他孩子的优点来比自己孩子的缺点,嫌自己的孩子不够优秀,于是,他们常常会这样对自己的孩子说"你看你,怎么这么笨,这点小事都做不好,你看你的同学××多懂事。""怎么又考这么差,你看××,回回都是第一名。"等话语,可能这些是父母们无心的话,但说的多了,难免会留在孩子的心里,对他们造成伤害,久而久之,他们就会像父母认为的那样,也认为自己笨、毫无优点、没有自信心等。无形中,孩子的心灵被扭曲了,这样的后果是惨重的。

其实,任何做父母的都爱自己的孩子,拿自己的孩子和别人家的孩子对比,也是出于善意,希望他们能向优秀的孩子学习,超越别人,为父母争光争气。但是,有时候善心也会做坏事,爱孩子,就不要拿自己的孩子与他人做比较。任何一个孩子,都会反感父母将自己和其他人进行比较。

1.看到孩子的优点,赞扬他

父母对孩子的期望态度一样会影响到他。如果你认为你的孩子是优秀的,那么,他就会按照你的期望去做,甚至会全力以赴让自己变得优秀起来;而反过来,如果你总是挑他的缺点、毛病，那么，他们就会产生一种错觉：我不是好孩子，爸爸妈妈不喜欢我，我好不了了。因此，家长积极的期望和心理暗示对孩子很重要。

可见，对于孩子来说，他们最亲近、最信任的人是他们的父母，因此，父母对他们的暗示的影响是巨大的，如果他们长时间能接受到来自父母的积极的肯定、鼓励、赞许，那么，他就会变得自信、积极。相反，如果他们收到的是一些消极的暗示，那么，他们就会变得消极、悲观。

2.即使批评也要顾及孩子的面子

心理学家曾经做过一个关于"孩子最怕什么"的调查，结果表明：孩子最怕的不是生活上苦、学习上累，而是人格受挫、面子丢光。

的确，对于儿童来说，他们的独立意识已经开始萌芽，但却尚未形成，也开始在意别人的评价，而他们最在意的是父母的看法。

对于生性敏感的孩子来说，他们都有自尊心，都要面子，作为家长，我们不但不能拿孩子和其他人对比，更应该时刻注意保护好孩子的面子，不要在众人面前说他们的缺点，不要在众人面前批评他们。因为孩子每一个行为都是有原因的，这是由他的心理生理年龄特点所决定的。也许这些原因在成人看来是微不足道的，但在孩子的眼里那是很严重的事情，不了解原因当众批评他，非但不能解决问题反而会使问题变得更糟，使孩子产生逆反抵触情绪，导致对孩子的教育很难继续下去。

3.根据孩子的特点进行教育

任何父母都不要拿自己的孩子和其他孩子对比，而应该根据自己孩子的特点进行教育。例如，你的孩子脑子迟钝一些，就教育孩子笨鸟先飞，多卖些力。孩子有了进步就应该鼓励。只要孩子付出了努力，已经尽其所能，父母就不要提出过高的要求。

总之，聪明的家长要明白，任何人都渴望被赏识和赞扬，我们的孩子也是，为此，无论何时，我们都不能拿自己的孩子和其他孩子进行对比，而要看到他们的优点，并给予他们鼓励，相信你的孩子会变得优秀。

用分数衡量孩子——引导孩子不带功利性的学习

作为父母，都关心孩子的学习，都在致力于引导与帮助孩子提高学习成绩，这本来是无可厚非的，但不可过分看重分数，要重视孩子的全面素质的教育，以利于孩子全面成长。父母应通过对孩子的教育，发掘孩子所蕴藏的潜能，从未来社会对人才的要求来看，真正能在社会上获得很好发展机会的人才，都是具备很好的创新能力的人，因此，父母不要为了追求短期的效应，让孩子有一定的压力，那样，总有一天孩子会被压垮的，不要让分数成为孩子的枷锁，让孩子快乐的学习和成长，才是做父母应该做的！

一位母亲说："女儿刚上小学，一年级第一学期期中考试，考了个双百，全家人很开心，女儿更是兴奋不已，第一学期期末考试又是双百，自然又是一番庆祝，但是，我感觉这样下去，不一定是好事，当时也没有太在意这些，一年级下学期，平时测验试卷拿回家的时候，只要是满分，女儿总是神采飞扬的和我们谈论，只要不是满分，女儿就像犯了很大错误似的，头低得很低，甚至不敢和我们交流，我逐渐意识到这里的问题了，我告诉女儿：'不要在意这些分数，无论是平时的测验，还是期中期末的考试，只是对你这一段时间的学习进行检查，看看哪些知识真正的掌握了，哪些知识还没有吃透，然后再将没有吃透的部分进行复习，争取掌握就行了，考满分固然欢喜，考两个零分回来，我们也不会批评你的，不要有太多的想法和压力了，快乐学习最重要，即使是零分，我们只需要知道为什么了，然后去总结，继续进步，就行了，你还是最棒的。'进行了一系列的开导，女儿终于学会轻松的去学习，轻松的去考试了。"

这位家长的做法是正确的，只有不过分的带功利性的学习，孩子才能轻松的学习，他的潜能也才能得到发挥。

1.父母首先不要只关注孩子的名次

当我们把沉重的分数、名次强加在孩子身上时，我们实际上是剥夺了他对丰富多彩的生命的体验，剥夺了他的人生选择权，剥夺了他的快乐和健康，我们这是在爱他还是在害他？

好学成性的孩子、终身学习的孩子会越学越有学习的劲头；为考试、为名次学习的孩子，学到一定时候就会厌倦学习、痛恨学习。这是教育成功与否的分水岭。只要孩子肯钻研、爱学习，不管成绩怎样，都是值得赞赏的。相反，孩子一心就想得高分、获好名次，那才是值得警惕的。

2.不盯分数，看学习效果

作为父母，在督促孩子学习的时候，不要只盯着孩子的考试分数，更应该看孩子实际的学习效果。不能仅以分数作为评价孩子学业水平的唯一标准，要以一种平和的心态对待孩子的考试分数，孩子考好了，不妨进行精神鼓励；如果孩子考试成绩不理想，要帮助孩子认真分析，找出失误的原因，并鼓励孩子继续努力，这样孩子才会情绪稳定，自信心增强，身心各方面才会健康发展。

3.引导孩子全面发展

一个只专注于某一方面特长或者某一爱好的孩子，一般在此方面投入的精力更多，期望也就越多，但"人外有人，山外有山"，即使他们这次成功了，但并不一定代表他们永远能成功。而如果我们能培养孩子多方面的能力、兴趣、爱好等，那么，孩子在拓宽视野的同时，也会学习到各种抗挫折的能力、知识、经验等，具有较完善的人格，这对于提高孩子的自理能力、交往能力、学习能力和应变能力都有很大的帮助，也有助于给他们独自战胜困难提供勇气和方法。

4.承认孩子存在差异

孩子在学习能力和方法以及智力上都是有差异的，其实，很多孩子明白学习的重要性和竞争的压力。但每个孩子由于智力的因素和非智力的因素，学习成绩总会有差异。父母要做的是认真了解情况，听听孩子的解释，不能武断地得出孩子学习不努力、不用功的结论。要以尊重平等的态度和孩子一起分析、解决学习中遇到的问题，帮助孩子掌握适合的、有效的学习方法，制订适当的目标。

5.孩子成绩不好时给予宽容和鼓励

父母永远是孩子受伤时停靠的心灵港湾，孩子考试失利时，他已经非常难过了。这时候，父母不要刺激孩子，而要拿出自己的宽容和安慰，一定不要在孩子的伤口上再撒上一把盐。同时也要不忘对孩子说"下次努力"，使孩子把目光转向下一次机会。

总之，作为家长，我们要让孩子明白，积极参与竞争是对的，但是不应该把"第一"当成竞争的唯一目的，而更应该注重在参与过程中培养的良好品质，如遇事冷静、沉着、性格开朗等。这些个性品质比"第一"重要得多。

第05章

培养孩子独立自主的习惯，父母不要做的事

未来社会，任何一个孩子，要想在竞争激烈的社会中站稳脚跟，还必须学会独立、有主见的做人、做事。让孩子独立，这一任务对于父母来说，责任重大，其实，要培养孩子独立自主的习惯，我们父母首先要学会放手，让孩子学会自立、独立思考，学会承担责任，循序渐进，长此以往，孩子就能变得独立，就能早日担当一份责任！

太专制——聪明的父母都会给孩子自由

任何父母,都希望自己的孩子把自己当朋友,对自己倾吐成长中的烦恼与快乐,然而,孩子愈大愈难与他们沟通,这是很多父母共同的感受。这是由什么造成的呢?其实,孩子也想对父母说实话,只是很多父母总是太专制,甚至压制孩子的想法,孩子又怎么愿意与你沟通呢?因此,聪明的父母都会给孩子自由。

涛涛的父母都是知识分子,从小他们对涛涛的管教都十分严格,他们教育儿子不许这样,不许那样。在十几岁以前,涛涛也一直是个很听话的乖孩子。

但自从上五年级以后,涛涛突然觉得父母的管教让他觉得很烦躁。

这天,因为上次考试中的失误,老师将他留了下来,给他分析问题,所以回家晚了些,到家的时候,妈妈问:"去哪了,怎么现在才回家。"

涛涛没有理妈妈,准备回房间,谁知道妈妈继续追问:"你这孩子怎么了,这么没礼貌?"

"我出去跟同学玩去了,行吗?"

"唉,你这孩子什么态度?怎么这么跟我说话……"还没等妈妈说完，涛涛已经重重地摔上了房门，留下妈妈独自站在那儿，她很疑惑："儿子到底怎么了？"

这里，涛涛为什么会顶撞妈妈？因为面对专制的父母，他一直很压抑，而同时因为考试成绩不理想他又被老师训斥了，所以面对妈妈的责问，怒从心中起，便爆发了。

事实上，生活中，我们每个人都需要自由。其实，我们的孩子也是，他们都希望无拘无束地成长，如果我们束缚住孩子的手脚，让孩子不许做这个，不许做那个，对孩子大包大揽，那么，孩子会感到窒息，他的一些优良的个性心理品质也会被压抑。而随着孩子慢慢长大，他们的自主意识也越来越明显，对于无法呼吸的成长环境，他们一定会反抗，那么，亲子关系势必会变得紧张起来。所以，我们教育孩子，一定不能太专制。

任何一个孩子，都希望得到父母的认可和尊重，希望父母承认自己已经长大，能够处理一些自己的事情，需要更多的空间，而更多时候，家长往往把他们仍当成未成年人，所以对他们仍十分专制，希望事事替孩子拿主意，有些孩子一旦发现，便会觉得自己被他们轻视，小看了。这往往打击他们的积极性，使他们也对长辈产生半敌视心态。

作为父母，我们要记住的是，孩子是独立的个体，而不是我们的私有财产。

给孩子自由，我们要做到：

1. 不要压制孩子的想法

即使孩子的看法与大人不同,父母也要允许孩子可以有自己的想法。父母应考虑到孩子的理解能力,举出适当的事例来支持自己的观点,并详细地分析双方的意见。父母不压制孩子的思想,尊重孩子的感觉,孩子自然会敬重父母。

2. 支持孩子在小事上自己拿主意

当冉冉几次不肯睡觉时,妈妈对她说:"冉冉,我相信你一定能管好自己的,因为你明天7点要起床。所以,你自己会在9点前上床睡觉,我相信你会自己注意时间。"果然,冉冉听话多了。

其实,家长可以支持孩子自己管理自己,并提醒他界限何在。当孩子做选择时,他觉得自己的确享有主导权,这一点会令他开心。

3. 在情况允许的情况下,让孩子自由支配时间

我们应该尊重孩子自己的选择,让他有一些自己的独立支配的时间,比如,晚上空余时间,孩子想睡觉,还是看书等,我们不要干涉。

4. 父母也保持适当的权威

许多家长也许在自己的孩童时期,所接受的教养方式是极端权威和专一的,父母说一,他们决不敢说二,所以,他们从未享受发表自己意见的权利。于是,他们就用这种教育方式对待孩子。如果孩子所争取的是对他自己的自主权,而不是对父母的或其他人的管理权,那么他的要求就没什么不对。父母

应将大人的权利保留在适当范围内,别将它过分延伸到孩子身上。但同时,也要让孩子尊重父母的权威。父母应尊重孩子的权利发展,同时坚持自己的一些原则。

孩子从襁褓时期对父母完全的依赖,到发展自我意识、建立自信、试验探索,终于长大成一个独立的成人,这都需要主见的培养,青春期的孩子更是自我意识逐渐形成的阶段,要想孩子有主见,父母可以遇事问他的看法和想法,不管是学校的事还是家里发生的事,报纸上登的事,或者是路上看到的事,包括爱吃什么,爱穿什么,爱玩什么都要问孩子的意见,孩子能感受到被尊重,这样,不但能让孩子学会独自思考,还能拉近亲子间的关系,让孩子对我们敞开心扉。

从小培养孩子"自己的事情自己做"

现代社会,孩子由于受到家长的溺爱,造成了教育的"温室效应",一些孩子任性固执、追求享受、独立性差,习惯了家长包办一切,连生活中最基本的自理能力都没有。因为,生活中,很多家长是这样做的:

(1)早上快要迟到了,可孩子却是慢吞吞,受不了了,赶快帮他穿衣穿鞋。

(2)看他吃饭慢吞吞的,天又冷,算了,喂他吧。

（3）孩子说要自己洗澡，就怕他洗不干净，大了再说吧，还是我帮他洗。

（4）自己生病了，本来让孩子泡个面不难，可营养不够啊，还是坚持给孩子做饭吧。

（5）上学的书包可真重，现在是长高的时候，帮孩子拿不为过吧。

（6）画画后桌面一片狼藉，可睡觉的时间又到了，算了，我来收拾吧。

（7）要出去旅行了，小家伙怎么懂收拾行李嘛，肯定是我来帮忙的。

这些现象在生活中随处可见，家长担任了孩子的保护伞这一职务，可家长似乎没有注意到，这样会导致孩子缺乏自立能力，将来在面对、解决困难的时候，都会表现出其缺乏自信和独立性的一面，更别说独当一面了。因此，家长必须重视这一方面，要从小培养孩子"自己的事情自己做"的观念，著名教育家陈鹤琴先生说："凡是孩子自己能做的事，让他自己去做。"这不仅对培养孩子的独立性、自理能力很重要，同时也培养了孩子的责任感，使孩子能对自己的生活、行为负责。从孩子小时候开始家长就应该让孩子做一些自己力所能及的事情，逐步养成孩子爱劳动的生活习惯，这对孩子的一生都意义深远。

有位妈妈在谈到教育儿子的心得时说："我们家里虽然是祖孙三代，可我们家长对儿子的独立性培养很重视。只要是儿子能力范围可以完成的事情，我们都让孩子自己做，其他人在旁边，在必要的时候给予孩子指导。突然有一天，儿子高兴地说：'我自己会穿衣服了，你们都下去吧，我自己的事情自己做。'让我感到十分高兴的是，他竟然真的自己穿上了衣服。虽然穿得歪七扭八的。我不失时机地夸奖了他，他高兴地一蹦一跳的。"

和这位母亲一样，要教育出有出息的儿子，必须培养孩子的自理能力，这就要告诉孩子"自己的事情自己做"，因为孩子总有一天会长大的，小的时候受到一点挫折，凭借自己的力量解决，明天就会独立成长。孩子总要离开父母的怀抱。走进竞争的社会。家长放手越早，孩子成熟越早。早些让孩子自立，孩子的责任感会增强，逐渐有了自己的主见，也就逐渐能自立了。在这点上，家长应注意以下几点：

1.父母首先要学会放手

培养孩子的自理能力，首先父母要有让孩子独立的意识，否则所有的行为都是一句空话。而所谓独立的意识，简单一句话就是孩子能做的让他自己做，因为每个人的生活终将是每个人自己过，家长不能在他幼儿时剥夺他独立生活的意识。只有这样，孩子以后才能走得好、走得让家长放心。

从孩子学走路的那一刻，孩子就已走上自己独立的征途。对父母来说，则要做到，孩子能自己走，哪怕走得歪歪扭扭，会摔跤，也要让他自己走。

2.不要扼杀孩子的自理萌芽

其实,每个孩子都有自己动手的欲望与萌芽,不同的年龄段有不同的表现,如一岁多时爱甩开大人自己走路、自己去抓饭来吃、自己穿鞋子等,因为他们对这个世界充满了好奇,想通过自己双手的触摸来探索。当孩子有这样的表现时,家长要鼓励,用笑脸来鼓励孩子去做。

3.自己的事情自己做

孩子到了两岁,已经可以做一些事情,这正是培养自理能力的好时候,而让孩子从自己身上开始做、自己能做的事情自己做,这是一个很好的方法,如自己喝水、自己走路、自己吃饭等。

4.父母要有足够的耐心

我们经常见到:孩子在穿衣服或鞋子,穿了半天没穿好,妈妈冲到他面前,边数落边快手地帮孩子把鞋穿上。孩子动作都是慢的,因为这个世界对于他们来说就是新的,我们看上去很简单的东西,对他们来说则不是,都要去学,去反复练习才能做到。所以,家长要有足够的耐心。

比如,父母很赶时间,但孩子还在那磨蹭,解决这个问题的方法是:总结经验,把出门的时间提前一点,比如打算9点出门,就从8点10分或8点钟就准备。这样,就有足够的时间给孩子自己穿鞋穿衣了。可以给奖励但不能是物质的,最好是口头上的奖励,比如摸摸他的头、冲他笑一下,或者给他一个大拇指，这样就够了。孩子从家长的表情、动作就可感知你的鼓励。每个人都是有惰性的，大人是，更不要说小孩了，关键看惰性来了时怎么去引导。

总的来说，家长一定要让孩子多动手，告诉他"自己的事情自己做"，这有利于培养孩子自理的习惯和自立的能力，日常生活中，不要总是为孩子包办一切，纵容孩子的懒惰，凡事爱代孩子动手的习惯妨碍了孩子自理能力的培养及锻炼，更是剥夺孩子学会独立自理的机会。家长鼓励孩子能做的事让他自己做，在孩子做时家长要有耐心，要容许孩子犯错误，只有这样，才能培养出一个独立、自理能力强的孩子！

剥夺孩子的说话权利——倾听并尊重孩子的意见

任何父母，都希望自己的孩子把自己当朋友，但事实上，我们看到的却是很多父母和孩子之间上演的口水战，一些孩子因为父母剥夺自己说话的权力而和父母争论。久而久之，一些孩子也不再愿意与父母沟通了。其实，孩子要求发表意见、要求自主的意识是随着年龄的增长越来越强烈的，父母要给予孩子的是尊重，给他发表意见的机会，而不能压制。而聪明的父母都会引导孩子发表自己的意见，让孩子畅所欲言。

然然是个很可爱的女孩，但父母惊异的是，这么小的女孩居然总是有自己的想法。然然说:"我已4岁大了,不再需要别人告诉我该做什么、该怎么做,我想自己做主,掌握一切事情。""妈妈要我上床睡觉时,可我不想睡,有一个好办法可以拖延时间,比如不断提出问题,妈妈没回答完,我就不必睡觉。"然然希望自己控制睡觉前的活动,于是会选择性地要求妈妈讲故事、唱儿歌给她听、陪她在被窝里窝一会儿,或者再回答她一个问题等。

当妈妈满足其种种要求后,准备离开她的房间时,然然又会再提出"最后一个"问题。而这个"最后"的问题常常不止一个。于是,请自己可爱的女儿上床睡觉变成整个家中相当冗长的仪式。

然然的这种表现就是这个年龄段孩子要求自主的外在反映,是孩子要求父母接受自己意见的方式,随着年龄的增长,孩子能从环境中慢慢地体会到"权利"的存在,也相信自己有运用"手段"的能力,如利用提问题的方式规避睡觉。在这种情况下,他感觉到自己的权利受到了肯定,甚至感觉到父母对自己的重视和无奈,他很开心。父母对孩子的这种"自主"的要求,应该感到开心才对。毕竟,要培养出一个有判断力、责任感的孩子,前提是父母必须懂得权利的授予。所以说,孩子希望自己决定上床的时间,父母可在接受的范围之内,给予孩子一定的权利,这样才是双赢的做法。

这天,儿子放学回家,进门就把书包丢在桌子上,然后对着在厨房做饭的妈妈嚷嚷:"妈,从明天开始,我不去学校了,你别劝我!"

妈妈是个温和的人,她不像丈夫那样火暴脾气,她知道儿子肯定是受了什么委屈。

"为什么不去呢?"

"没什么,感觉不大舒服。"

"不舒服,哪里不舒服?怎么不早点请假回来呢?"

"不想耽误学习啊,你别问了,反正我不去。"其实,妈妈是聪明的,儿子说话这么有力气,怎么会身体不舒服,一定另有隐情。

"可是,今天不舒服,明天不一定不舒服啊,要不,妈妈带你去医院吧。"妈妈在说这话的时候,故意露出一点笑容,儿子明白,妈妈看出端倪了,于是,他只好说:"妈,你儿子是不是很没用啊?"

"怎么这么说,我儿子一直是最棒的,有最棒的体格,最棒的学习接受能力,待人温和,还疼妈妈。"

听到妈妈这么说,儿子笑了,主动说出了今天遇到的事:"妈,今天老师叫我们写一篇作文,我写错了一个字,老师就嘲笑了我一番,结果同学们都笑我,真没面子!"

此时,妈妈没有说话,只是搂着伤心的儿子。儿子沉默了几分钟,从妈妈怀中站了起来,平静地说:"谢谢你听我说这些事,我要去公园了,同学们还等着我呢。"

从这个故事中，我们看到一对母子间的和谐关系。可见，懂得和孩子沟通的父母，绝不会不给孩子说话的机会。

家长要把孩子看作一个独立人，他们有权发表自己的意见，父母不必过多地限制，家庭生活中出现的一些问题，要让他们去尝试，自己去判断、思索、体验。当然，尊重孩子的人格和自我意识并不等于放任孩子。在他们成年之前，父母可以引导他们，帮助他们辨别是非，培养他们独立思考，学会选择自己的人生目标。

现实生活中，很多父母看似为孩子包办一切，一切是为了孩子好，但听见自己的孩子提出一些自己的想法时，却不分青红皂白就加以苛责、训斥，甚至打孩子，这无疑是给孩子精神上的打压，长期在父母的这种态度下生存的孩子又怎敢发表自己对于家庭建设的一些意见呢？因此，父母要想培养出一个有主见、独立创新的孩子，就要做有心人，为孩子创造愉悦的发表意见的氛围，以感染孩子的心灵，孩子尽管年龄小，但他同样会体会到家长对他的尊重和信任，也就能自信的成长！

什么都替孩子拿主意——鼓励孩子说出自己的想法

作为父母，我们都希望自己的孩子能省心，听话，因为听话的孩子可以在小时候避免许多不必要的危险和麻烦。孩子的听话也让父母欣慰，因为听话的孩子肯定不笨，理解力强，善解人意。然而，这是一个强调创意的年代，如果习惯于听话，在孩子独立面对世界的时候，他会迷失自己，因为当找不到那个权威的发话人，他不知道该听谁的。

一位幼儿教育专家到国外看到一个3岁的幼儿用蓝色笔画了一个"大苹果"，老师走过来说："嗯，画得好！"，孩子高兴极了。这时中国专家问教师："他用蓝色画苹果，你怎么不纠正？"那个教师说："我为什么要纠正呢？也许他以后真的能培育出蓝色的苹果呢！"

其实外国教师或家长这样容忍孩子"不听话"是有道理的，它可以保护孩子的想象力，激发孩子的创造力。可以说，这样的孩子更能适应未来社会激烈的竞争。那么，作为父母，要让一个习惯于听话的孩子表达出自己的想法，该怎样做呢？

1. 不要让孩子盲目听话

童话大王郑渊洁说他从来没有对自己的孩子高声说过一句话，也从来没有说过"你要听话""因为我觉得把孩子往听话了培养那不是培养奴才吗？"因此，对于孩子的不听话现象，你不妨告诉孩子："爸妈并不是要你盲目地听我们所说的每一句话，什么都听话的孩子就是庸才。"这样说，会很容易让孩子感受到父母对自己的理解。

2. 减少对孩子"真乖""真听话"这样的评价

一位妈妈总是喜欢夸奖儿子"真听话"，慢慢地孩子便会事事按照妈妈的话去做。可是一旦让他自己拿主意，他就表现的无所适从。后来,妈妈不再夸孩子听话了,而是使用其他更具体的评价。比如,当孩子吃完零食,自己收拾垃圾时,妈妈就表扬他:"对,吃完东西就收拾干净,这样既整洁又卫生!"慢慢地,孩子开始知道自己该做什么,不该做什么,而不用等待妈妈的吩咐了。

3.尊重孩子的感觉

孩子都有自己的想法,尽管他们的想法可能是幼稚的,甚至是错误的,但我们不能轻易否定他,要尊重他的感觉和选择。

妈妈带着3岁的小胖去买衣服,小胖看中一件上面印有奥特曼的外套。妈妈一看,那时一件质量很差的衣服,做工非常粗糙。于是,妈妈给小胖选了另外一件。小胖很不高兴。妈妈耐心地跟他说:"那件质量不好,而且不适合你。这件质量好,比那件还贵呢!"可是小胖却说:"这件虽然好,但是没有奥特曼,不是我喜欢的。"

其实,孩子并不想买多么高档的东西,他们更注重自己的兴趣所在。只要孩子喜欢,就是买一件质量差的又有什么关系呢?

4.适当"讨好"一下你的孩子,缩短彼此间的心理距离

当然,这里的"讨好"并不具备任何功利的目的,而是为了加强亲子关系,父母亲应该偶尔赞扬一下你的孩子,或者带孩子出去散散心等,让孩子感受到家庭的温暖,彼此间的心理距离就拉近了。那么,孩子自然愿意向你倾诉了。

5.不要总是压制孩子表达自己的想法

任何父母,都希望自己的孩子把自己当朋友,对自己倾吐成长中的烦恼与快乐,然而,孩子愈大愈难与他们沟通。这是很多父母共同的感受。这是由什么造成的呢?其实,孩子也想对父母说实话,只是很多父母总是端着家长的架子,甚至压制孩子的想法,孩子又怎么愿意与你沟通呢?因此,聪明的父母都会引导孩子发表自己的意见,让孩子畅所欲言,给孩子一些选择的机会。

在听话的孩子身边,往往有个细心、周到、能干且具有绝对权威的家长,他为孩子计划好了一切,却忘记了询问孩子的意见。父母应该多听听孩子的意见,多给孩子一些选择的权利。比如,家长可以问问孩子"今天咱们市区游乐场呢还是去植物园""明天奶奶过生日,咱们送给奶奶什么生日礼物好呢"。要记住,一旦你把选择的权利给了孩子,就要接受孩子的选择。

6.给孩子更多做事的机会

当孩子想要你帮忙拿挂在高处的东西时,你可以不直接帮助他,而是换个方式:"你自己有办法拿到吗""如果站到沙发上,可能会站不稳……对,站椅子上是个好办法""我想这个椅子对你有些大,你可能搬不动……嗯,这个小椅子很合适""哇,你居然用晾衣叉自己拿下来啦,真聪明"。

7.给孩子的自由规定原则

给孩子最大限度的自由,才能培养孩子的独立性。不过即使这样,我们也不能让孩子任意妄为。父母应该给孩子定下一个原则,在这个原则之下,给孩子充分探索、自由活动的时间和空间,不要紧盯孩子的一举一动。比如,父母可以定下规矩:在外面玩不能去马路上,只能在楼前的这片空地上玩。但至于怎么玩、和谁玩,由孩子自己决定。

家长是孩子的第一任老师,沟通方式的正确与否直接影响着孩子的一生,古今中外的成功人士身上,都有一个优点,那就是有主见、有思想、有魄力,这样的人正是做大事的人,也是能历经社会折磨和苦难的人。因此,作为的家长,必须要认识到,"为孩子拿主意"的想法是永远行不通的,鼓励孩子大声说出自己的想法,才能让他慢慢自立起来,成为一个有用的人!

包办家中的一切——引导孩子参与一定的家务劳动

我们都知道,家庭是孩子发育成长的最重要场所,是孩子日常生活的出发点和归宿所在。因此培养孩子的独立自主的能力可以从家庭这块阵地入手,让孩子在学习和玩乐之余承担一定的家务劳动,从而让孩子明白生活中不仅仅有享受,还必须负有一定的义务和责任,有助于孩子早日当家。对于一些年龄较小的孩子来说,可能无法胜任一些有难度或者有强度的劳动,但却可以让他们做一些力所能及的事,然而,出于这样那样的顾虑，很多父母并没有给孩子做家务的机会。

以下是几个母亲的描述：

一位母亲说："现在孩子的劳动意识真难培养，我儿子衣服脱到哪儿就扔到哪儿，更别说收拾整理了。我们像他这么大的时候都自己洗衣做饭了。"

另外有一位家长说："这种事情其实用不着这么着急，等到孩子大起来自然就会。我小时候也什么都不会做，现在生活的担子压在身上，还不是样样都会做。所以有时间还不如让孩子多玩玩，多看点书，多学点东西。"

恐怕这是很大一部分家长对孩子是否应该做家务的顾虑，但家务劳动是每个孩子应该接受的劳动教育的重要一部分，是素质教育中一个极其重要的方面，家务劳动是家长帮孩子树立正确的劳动观念和培养劳动习惯的最佳方式，对孩子将来成为国家合格的建设者，培养其高尚的道德意志和品质，发展其聪明才智及动手能力都有重要作用。具体说来，家务劳动对于培养孩子自立的作用在于：

1.参与家务劳动是孩子未来生活的必要准备

有位家长在谈到自己教育儿子的心得时说："出于对自己成长过程的反思，我对儿子从小就比较注重独立能力的培养，要求他自己的事情自己做，按不同年龄承担一定的家务劳动。从幼儿园小班开始我们就要求他洗自己的碗，现在上学了，除了完成学习任务，家里扫地与倒垃圾两件事也由他'承包'。

当然一开始他也并不总是乐意去做这些事的，这时我们就用适当的奖励方法鼓励他坚持下去，比如做一次就可得到一个五角星，积了一定数目的五角星就可以带他去吃一次肯德基。这样一来，他能不能得到他所想要的就完全取决于他自己的行为，这种'他律'促使他一天天坚持下去并逐渐过渡到'自律'，让他认为是自己分内的事而自觉地去做，慢慢形成习惯。"

孩子将来立足于社会，就必须要具备独立生活的意识和能力，而从小学习做家务，养成一定的劳动习惯，这是对于他未来生活的非常重要的准备。

2.家务劳动是孩子在学校学不到的生活课程

孩子在家里做一些力所能及的家务是理所当然的事，因为家里与学校毕竟是不同的。在家里通过做家务可以培养孩子的自理能力和劳动习惯，这也是一种知识，生活的知识，这些知识是在学校里不能学到而对一个人的成长来说又是非常重要的。

3.劳动习惯的养成有助于提高孩子的学习效率

很多孩子，一到上学的时间，问题就来了：做事拖拉，不会整理书包，这些都影响学习效率。家长不妨从整理物品入手抓孩子的劳动教育。你可以先带他看乱糟糟的房间，让他考虑该从哪儿收拾起。同时制订一定的规则，如每天整理书包，每周六收拾房间，换下的衣服放在固定的地方等，并督促他做到。当书包内各种学习用品放置整齐有序，做完作业随即收拾。原来边写作业边找东西的毛病改好了，专心学习，效率当然高了。

基于以上这些原因，其实，也有很多父母都认为孩子应该参与家务劳动。但为什么孩子们的客观表现又总是令人不怎么乐观呢？原因有三：

一是在孩子对劳动表现出兴趣，喜欢模仿大人的举动时，家长没有引起足够的重视并给予及时的引导，反而嫌孩子碍手碍脚而削弱了孩子的劳动热情；

二是不信任孩子的能力或怕麻烦而在无形中剥夺了孩子的练习机会；

三是小时候没有养成一定的习惯，上学后又以学习为重，在时间上很难保证这种教育的进行和习惯的坚持。因此，家长在引导孩子参加家务劳动时，必须要从小引导，养成习惯。

俗话说："播种行为，收获习惯。"所有的习惯都从最初的行为开始，我们对孩子的家务劳动教育也要遵循这个规律。家长可以从以下几个方面着手：

（1）珍惜孩子最初的劳动欲望，放手让孩子去模仿去实践，提供参与练习的机会。

（2）尽可能以游戏方式加以引导，使劳动成为孩子的快乐体验，这对于小年龄孩子尤其重要。

（3）手把手地教给孩子一些劳动的技能，光要求孩子做而不告诉他怎样做常常是无效的。

（4）合理安排家务劳动的时间，处理好学习、玩与劳动的关系。

对他们来说，劳动就是一种娱乐，一种游戏，如果把纯粹义务性，没有任何乐趣的劳动安排给孩子，反而会引起孩子的反感而不利于劳动情感的培养。家长应该从孩子的兴趣入手进行引导，在劳动过程中融入游戏性，满足他们的童心与好奇，鼓励他们参与劳动，同时提出一定的要求，让孩子慢慢养成良好的劳动习惯和能力。

让孩子积极地参与到家庭生活的方方面面，让孩子感觉到他不是家里的客人而是主人，当孩子体会到了他在整个家庭里并不是可有可无的，他确实是被整个家庭所需要的时候，他对家庭的责任感也会油然而生，而更主要的是，有利于孩子尽快自立！

过度保护——要给孩子"独行"的机会

人是社会的人，每个人都要逃离父母的怀抱，去经历社会的洗礼，可以说，父母放手得越早，孩子独立得就越快。当孩子到了一定的年纪，开始有了一定的动手能力后，就可以给让他们做一些力所能及的事。诚然，保护孩子是父母应尽的职责，而父母更应该给孩子"放行"，让孩子直面困难，处理发生在自己身上的生活事件，这样，孩子才能由自立变为自强，才会自觉主动。

现实生活中，有很多家长有这样的心理：

（1）"我经常不允许孩子做一些同龄人可以做的事情，因为害怕他会出事。"

（2）"我有些过分担心孩子的健康。"

（3）"如果孩子的游戏我不能够接受，我会说'这个要求，我不能满足你。'"

（4）"当孩子还没有按照我的期望去做的时候，我会感到不安。"

（5）"别人说，我对孩子的关心有时候被认为是过分夸大的。"

（6）"我喜欢孩子按照我的吩咐去做事。"

（7）"我在过马路、在外面吃饭的时候，常常会想起孩子。"

（8）"孩子常常向我抱怨，其他孩子是如何自由，他们的父母是如何宽松。"

（9）"我无法接受孩子从小要吃苦的观点，那是没有实际经验的理论。"

（10）"孩子就应该是孩子，我不会让他出现在和他年龄不符的场合。"

现在，一个家庭只有一个孩子，许多家长"望子成龙""望女成凤"心切，肯对孩子进行智力投资。然而他们往往容易忽视最不起眼的、也是最重要的一点，就是培养孩子的自立能力。一些家长溺爱孩子，即使是孩子力所能及的事情，也总是越俎代庖，很少让孩子自己去做。可以断言，在这样的环境中长大的孩子一定是弱者。这样的父母看似爱孩子，实则害孩子，只能导致孩子做什么事情都离不开父母，让父母帮他做抉择，又怎么能有自己的主见，能够独立处理一些事情呢？在父母强势的包办下成长的孩子缺乏自立意识！

孩子在幼年时能够亲自处理自己身边的各种事情，称之为自立。自立意识是儿童逐步走上成人之路、适应现代社会环境所必须具备的品质。孩子不可能永远是孩子，他们将来必定要走向社会。而未来的生活道路也不可能总是一帆风顺，没有坎坷。一个自立能力强的孩子，在他未来的生活道路上，往往敢于搏击生活，主宰自己的命运；相反，缺乏自立能力的孩子，则常常表现出没主见，胆小怕事，依赖性十足，意志薄弱，经不起一点小小的挫折。可见，从小注意培养孩子的自立能力是十分重要的。

培养孩子的自立能力，就要给孩子"放行"，给孩子一个"独行"的机会，专家建议：

1.要给孩子提供独立活动的机会、场所和环境

让孩子独立活动，用自己的能力去做力所能及的事。家长适时给予指导和鼓励，从而提高孩子的自信心，增强孩子的独立性，使其主动地去发展自己的能力。

"我的儿子5岁那年，干什么事还都离不开父母，后来，

我有意地把一间小屋交给孩子安排。经过一段时间的训练，他不仅敢一人睡一间屋，而且还学会了铺床、叠被、整理房间，从依附向独立迈出了可喜的一步。他经常领小朋友到他的'领地'来做各种游戏。那神情、那口吻俨然是一位'小老师'，表现出一定的组织能力和表达能力。"

事实告诉家长们：为孩子创造独立活动的环境，能使孩子的独立性得到迅速的发展。

2.要给孩子自己作出决定或承担责任的机会，提高孩子的"参与"能力

当今，我们国家已向世界敞开了大门，我们的孩子面临的是信息激增、竞争激烈的时代。因而，家长要给孩子提供一定的机会，让孩子在实践中增强"参与"能力，培养孩子思维敏捷、善于独立思考和应变的心理素质。

比如，有客人来访，可让孩子去拿些糖果、糕点招待客人，鼓励孩子与客人交谈、提问、请教，带客人的孩子去玩耍，这样可以提高孩子的社交能力。又如，在讨论家庭计划或节假日安排时，也让孩子发表自己的见解。当孩子讲得有道理时，做父母的不妨从旁叫一声好。这声"好"的作用很大，可以帮助孩子树立自信心，解除孩子心理或身体上的拘束以及口头表达能力上的障碍。同时，对孩子正确的意见予以采纳，保护孩子的积极主动性，促使其独立思考能力进一步发展。

3.要扩大孩子的生活范围,让他们养成独立观察和认识事物的习惯

有些家长总对孩子不放心,对孩子的活动范围过多地加以限制,结果却抑制了孩子主动性的发展,致使孩子习惯于一切坐等父母安排,生活自理能力差,一旦遇到新环境、新情况就不知所措。

所以,让孩子经常参加一些活动,有助于他们在心理上摆脱对父母的依附,同时可以开阔孩子的视野,增长孩子的见识,培养孩子的责任感、事业心、钻研精神和独立能力等。如节假日带孩子去野外踏青郊游的时候,你可以让孩子留心大自然的景象及其变化,让孩子运用他自己学到的语文、数学知识来解释周围的现象,并不断提出"为什么",家长适时给予点拨。可以任孩子去跑、去玩、去交往,让孩子仔细观察人们的社会生活,观察人们是如何进行劳动创造的,从而激发孩子的劳动热情和创造欲望,使孩子的想象力自由驰骋,让孩子逐渐成长为一个大有作为的人。

总之,给孩子放行,给孩子独行的机会,有助于教会孩子自立的本领,这比给孩子留下别的财富更为宝贵!

第06章
塑造孩子阳光般的性格,父母不要做的事

作为父母,我们都知道,对于成长的孩子来说,成功与失败,顺境与逆境,平坦与坎坷……这些都是他们会经历的人生经验。积极阳光的性格是孩子成长的助力,对于孩子来说,不管是在现在的学习,还是在今后的事业当中,这都是孩子应该掌握的"心灵的技艺"。然而,为此,我们父母错误的教养方式,如训斥、过度保护、打压等,是孩子养成好性格的大敌,作为父母,不妨先反思自己,如果有这样的问题,一定要及时纠正,并积极引导孩子,使孩子接纳生活,领悟人生,让他们在成长过程中更快获得成熟的性格,跻身优秀者的行列。

给孩子严苛紧张的成长环境——合理教养才能培养乐观性格

乐观的人往往善于在平凡的日常生活中找到快乐,在不愉快的情境中找回欢乐,能轻松自如地化解一些尴尬,以积极的心态来面对生活,不但自己整天开开心心,也因此感染别人,使别人也同样感到快乐。可见,乐观的心态对人来说是很重要的。

乐观的心态不是每个人都会拥有的,但是可以培养,从童年时代就应该开始培养。作为家长,在孩子的成长过程中我们一般只注重孩子的健康和智商,却忽略了影响孩子一生的至关重要的一点,那就是孩子健康的心理。培养孩子积极乐观的心态,家长该为孩子提供合理的教养模式。

1.勿对孩子控制过严

作为家长,当然不能对孩子不加管教、听之任之,但是控制过严又可能压制孩子天真烂漫的童心,对孩子的心理健康产生消极作用。不妨让孩子在不同的年龄阶段拥有不同的选择权。只有从小就能享受选择权的孩子,才能感到真正意义上的快乐和自在。比如:

（1）让孩子有时间享受"不受限制"的快乐。家中孩子一旦开始喊叫、跳跃，父母便会想办法制止，孩子只好越来越乖了。但由此带来的是：孩子的热情和活力在一点点丧失，孩子的心灵也感受到了压抑。

（2）体育活动。好的身体状况和运动技能，有利于让孩子树立正确的自我形象观。

（3）笑出声来。笑出来，对家长和孩子的健康都有好处。

2.让孩子拥有适度的自信

拥有自信与快乐性格的形成息息相关。对一个因智力或能力有限而充满自卑的孩子，家长务必发现其长处，将长处发扬光大，并审时度势地多作表扬和鼓励。来自家长和亲友的正面肯定无疑有助于孩子克服自卑、树立自信。

3.创建快乐的家庭气氛

家庭的气氛，家庭成员之间的关系，在很大程度上会影响孩子性格的形成。研究表明，孩子在牙牙学语之前就能感觉到周围的情绪和氛围，尽管当时他还不能用语言来表达。可想而知，一个充满了敌意甚至暴力的家庭，绝对培养不出开朗乐观的孩子。

父母最好不要在孩子面前争吵，如果被孩子看到或听到，必须要当着孩子的面解决，表示父母已和好，还会和以前一样快乐地生活，这样有利于孩子的心理健康，不会对孩子造成对未来生活的恐惧感。

在对孩子的教育上，不能是父母一方在教育而另一方却在偏袒，正确的做法是父母要阵线一致，当然对孩子的教育以讲道理为主，而不是靠"打"。不过，对于一些原则性的问题，比如说谎、偷东西、逃学等，如果屡次说服教育不听，可以用"打"的手段以引起孩子的警戒，但"打"要在让孩子认识到错误并不再犯的同时也应顾及孩子的自尊心，"打"后应及时给予孩子抚慰，让孩子明白"打"他的理由、父母的良苦用心及对他的爱。建立一种相互信任的关系，孩子会因为父母所表现出的对他的充分的信任感而自豪，有助于孩子乐观心态的形成。

4.不要苛求完美

父母不可太过于追求完美，父母如果总是对孩子表示不满和批评，会伤了孩子的自尊，使孩子失去自信。

教育是一门艺术，每个孩子的教育结果就是父母的艺术成果，历经磨炼的孩子往往更乐观，面对问题和挫折更能以平和、阳光的心态面对，好心态能让孩子在成长的路上走得更稳健！

对孩子过度的好胜心听之任之——避免孩子产生嫉妒心理

美国著名心理学家布鲁纳曾经指出，好胜的内驱力可以激发人的成就欲望。但不注意引导就会导致孩子在相互的竞争中产生嫉妒心理。嫉妒过于强烈，任其发展，孩子则会形成一种扭曲的心理：心胸狭窄，喜欢看到别人不如自己，并喜欢通过排挤他人来取得成功。所以，从小培养并引导孩子积极的好胜心对孩子的成长很有必要。

事实上，我们看到的是，在家庭教育中，很多父母对于孩子表现出来的过度的好胜心并不重视，反而听之任之，久而久之，孩子便产生了嫉妒心理。我们每个父母都要做孩子心绪的体察者，只有了解了孩子好胜心理产生的原因，才能有针对性地进行教育，以免孩子产生嫉妒心理，才能让孩子拥有好心态，而好心态就恰似一把金钥匙，在孩子的成长过程中，为孩子打开"自我宝藏"的大门。

有位母亲这样对心理咨询师说："儿子东东从小长得虎头虎脑，很讨人喜欢，一直以来都是我们家的开心果。我们也很惯他，东东在幼儿园里的表现也很优秀，再加上他嘴甜，老师都很喜欢他。可以说，他是在大家的赞美声中长大，在无忧无虑的状态下生活的。

"自从升入小学后，东东却不似从前那么活泼开朗了，有时候还会将郁闷的表情挂在脸上。我和先生同他沟通后，他告诉我们说班上谁谁得了第一名，谁谁又得了小红花，而他却没有份。看着儿子不服气的样子，我内心有点担心，儿子这么小就有了好胜心，说明他很有竞争意识，但一定要加强引导，否则,会形成嫉妒心理!

"意识到问题的严重性后,我们决定好好正确引导孩子的好胜心。于是,在接下来的日子里,我们不再一味地鼓励孩子去争强好胜,而是将重点放在了培养他良好的心态上,给他树立'胜不骄、败不馁'的信念。当儿子失败了,我们不但给他分析原因,也告诉他,结果是次要的,努力尝试的过程更重要。另一方面,我们经常在日常生活里给他暗示,告诉他在这个世界上,总会有人比你强,你真正的对手应该是自己,保持进步,超越自己,你才是最大的赢家。"

这位母亲的引导方法是正确的,家长应该有所启发,正确的引导,能将孩子的好胜心转化为努力向上的动力。家长应该从以下几个方面进行教育:

1.告诉孩子努力学习是获胜的基础

家长必须让孩子明白,要想在竞争中获胜,必须通过自己努力学习,掌握比别人更过硬的本领。对于能力较弱的孩子,家长更应耐心引导,及时肯定孩子的点滴进步,让他们体会到成功的喜悦,培养他们的自信心。

2.让孩子明白不伤他人是求胜的准则

家长在培养和引导孩子的好胜心时,特别要注意避免嫉妒心理的产生。父母有责任多从客观方面引导孩子,避免孩子消极的、不与人为善的态度,不要时时拿自己孩子的长处和别人孩子的短处相比。

3.教育孩子承认差异，奋进努力

现实中的人必然是有差异的，不是表现在这方面，就是表现在那方面。一个人承认差异就是承认现实，要使自己在某方面好起来，只有靠自己奋进努力，嫉妒于事无补，而且会影响自己的奋斗精神。

4.帮助孩子克服自私心理

好胜是个人心理结构中"我"的位置过于膨胀的具体表现。总怕别人比自己强，对自己不利。只有驱除私心杂念、拓宽自己的心胸，才能正确地看待别人、悦纳自己，即常说的"心底无私天地宽"。

5.帮助孩子形成正确的自我认识

孩子正处于身心发展的阶段，还不能全面地看问题，不能对自己和他人进行正确的评价，这就要求父母在与孩子相处的过程中，要让孩子懂得"金无足赤，人无完人"，每个人都有自己的长处，也有自己的不足。父母不但要正确地认识孩子，还要帮助孩子形成正确的自我认识。

6.培养孩子宽容的品质

好胜心强的孩子，往往有自身的性格弱点。例如，与人交往时，喜欢做核心人物；当不能成为社交中心时，就会发脾气；同时，他们不会感谢人，易受外界影响等。对有性格弱点的孩子，父母要悉心引导。在孩子面前，要对获得成功的人多加赞美，并鼓励孩子虚心学习他人长处，积极支持孩子通过自己的努力去超越别人、战胜自己，使孩子的这种心理得到正当的发泄。孩子学会了事事处处接纳他人、理解他人、信任他人，不仅会发现他人的许多优点，而且也会容忍他人的某些不当之处，求大同存小异。这样，孩子的人际关系就会变得融洽、和谐。

7.父母还可以让孩子充实自己的生活

如果孩子学习、生活的节奏很紧张，生活过得很充实、很有意义，孩子就不会把注意力局限在嫉妒他人身上。父母应该帮助孩子充实生活，让孩子多参加一些有意义的活动，转移孩子的注意力，使孩子把精力放在学习和其他有意义的事情上。

总之，我们父母要用正确的方法引导孩子健康的成长，让孩子能对自己的心态有正确的定位，好心态能让孩子的内心世界更阳光，这样的孩子才能用正确的心态去迎接未来社会的竞争！

不允许孩子失败——改变孩子"输不起"的心态

我们任何一位家长都明白一个道理，我们的孩子最终都会长大，都要步入社会、参与社会竞争，而竞争的不仅仅是知识和能力，也是心态，能输得起、拿得起放得下的人才能笑到最后。而家长在培养孩子良好性格的过程中担任着不可替代的作用，孩子阳光、健康心态，必须要靠父母的引导才能获得。可是现实生活中，我们发现，不少家长往往喜欢将孩子的成功当作自己的"门面"，赢了就夸孩子聪明、能干，输了就指责和埋怨孩子笨，这种教育方式是很不可取的，这样做很容易让孩子走向两个极端，要么失败了就爬不起来，要么就非赢不可。这样的孩子哪里输得起，怎能正视挫折和失败！

其实，当孩子遇到挫折而沮丧、焦虑、自卑时，家长的职责不在于怎样保护孩子今后不受挫折，而在于如何提高孩子抗挫折的能力。家长应有意识地在日常生活中培养孩子做事的目的性和持久性，并帮助他们通过克服困难来锻炼意志。

一天，小强妈妈接到学校打来的电话，说小强和同学打架了。当她忐忑不安地赶到学校后，发现儿子和另一位小男生果果以及他的父母都在班主任的办公室里。原来，儿子班上要重新选举班委会，由孩子们自由投票决定。最后果果以2票的优势胜出而当选了班长。儿子接受不了这个现实，当场就哭了起来，并冲过去用力推了果果一把，果果猝不及防，一头撞在桌子上，鼻血直流。

小强妈妈自知理亏，赶紧主动向果果一家认错、道歉。问题解决后，他们径直回家。丈夫脾气暴躁，一进家门就忍不住要"教训"儿子。看着孩子那害怕的眼神，妈妈连忙拉住了先生。冷静下来后，他们问儿子当时为什么要推果果，儿子被这么一问,眼泪又出来了,抽噎着说:"我的票数为什么会比他的少?我为什么不能当班长?"

小强的这种心态就是输不起,生活中,可能有不少孩子也这样,平常不时会表现出沮丧的神情,这不是孩子竞争过程中的正常情绪体验,此时,很多家长一般根本没有设法去引导他的好胜心,反而一个劲儿地指挥他向前冲。在极度好胜与遭受挫折的双重挤压下,就表现出了和小强一样过激的行为。

其实,从心理学的角度来讲,孩子"输不起"是一种正常现象。无论做什么事情,孩子总是希望自己比别人强,以获得周围人的认可。可是因为孩子年龄小,各方面都不成熟,他们并不了解自己的强项和弱项,在人前或是在集体活动中,一旦不如人,他们就会表现出不高兴。

一般来说,孩子"输不起"通常会有两种表现,一种是面对挫折和失败,采取回避的办法逃避困难。比如,妈妈批评小强学钢琴不认真,不如隔壁的玲玲弹得好,听到这话,小强就索性不弹了。另外一种是一旦在游戏中输了,就大发脾气或哭闹以示宣泄。在幼儿园,老师们常会遇到因为抢不到发言机会而委屈哭泣的孩子。

作为孩子的第一任教师,家长在孩子个性形成过程中起着非常重要的作用。引导"输不起"的孩子,家长首先要平衡自己的心态,正确看待孩子的失败。当孩子在学习和游戏中受挫时,应该教育他们克服沮丧和悲观的情绪,帮助他们分析失败的原因，建立积极的心态对待暂时的挫折。

面对这样"输不起"的孩子，家长该如何开导，让他们坦然面对输赢呢？

1.当孩子还在幼儿阶段时

家长应该尽可能地协助他们体验成功，建立起自信。但失败在生活中又是不可避免的，要让孩子将之视为另一种情感体验，在孩子情绪低落时，家长要多鼓励，帮助他们积极面对挫折。家长这样说，既告诉了孩子失败和受挫是成长过程中不可避免的事情，同时也鼓励他积极面对。

2.当遇到不能避免的失败的时候

家长不要过分为孩子排除一些在正常环境中可能遭遇到的困难，当孩子遇挫时，家长不要立刻插手，不妨留给孩子自己面对失败的机会。

3.让孩子在集体提高孩子的耐挫力

孩子会经历一些挫折和失败，这些失败的痛苦经历能让他们更好地认识自己，发现自己的缺点和别人的长处，发展他们的内省智能。这样，他们一方面学会了欣赏别人，和同伴友好相处，共同合作；另一方面，在与同伴的交流中，学会如何克服困难、解决问题。

4.大人和孩子游戏时不要经常故意输给孩子

适当的时候玩一些输了也有奖励的游戏，奖励的前提是要孩子总结出输的原因。通过这种办法，可以平衡孩子"输不起"的心态。

总之,在孩子成长过程中,当发现孩子总是希望自己比别人强,一旦不如人,就表现出不高兴的时候,就说明孩子有"输不起"的心态。对此,作为家长的我们要进行有效干预,一段时间过后,这些引导就会起作用,在屡次的竞争中,无论是输是赢,孩子都能够保持平和的心态。在这种轻松的心理环境中,孩子的表现也自然更优秀。这样的孩子能真正体会到"竞争"的含义!

一味地打压和批评——孩子自卑的根源之一

有人说,人活于世,靠得就是自信。只有自信才能让你看到人生的航向,找到前进的目标,让你找到真实的自我,而如果一个人缺乏自信心,他在这世上就过得昏昏沉沉,迷失自我,甚至被世界所遗忘。自古以来,那些成功者,为什么能实现自己的人生目标?因为自信!自信是成功人生的奠基石,自信是成功的第一秘诀。

事实上,我们孩子天生是自信的,但一些孩子接受的后天的教育中,他们很少成功,经常被父母批评等,以至于开始变得胆小、自卑、消极,这对于孩子的成长是极为不利的。因此,为人父母,我们有必要关注孩子在成长过程中的情绪变化，一定要避免让孩子产生自卑情绪。

王女士是个心宽体胖的女性，虽然她比较胖，可是她自信、开朗、人缘关系很好，大家都愿意和她来往，现在她想起当年那些嘲笑自己的小伙伴，她一笑而过。

可是最近，王女士仿佛看到了当年那些场景再现：有一天，下班后，她来学校接女儿，就在学校墙角那里，她看到一群高年级男生在欺负女儿。

"小胖妹，又矮又胖，将来嫁不出去咯。"

"这么胖，也跟人家一样穿紧身裤啊，真难看。"

"我见过她妈，哈哈，他们全家都是胖子啊。"

听到这些后，王女士的女儿真的生气了，她捡起地上的木棍，朝这些男生打过去。看到这一幕，王女士赶紧走过去，准备拉女儿走开，但没想到女儿却对自己的说："都是你的错，把我生这么胖，我才被同学们笑话！你滚开！"女儿发脾气的样子，真的让王女士震惊。

"难道是我错了，我以为女儿和我一样自信，这个咆哮的女孩子真的是我的女儿吗？"

事实上，和王女士的女儿一样，很多的孩子的心里都住着一个魔鬼——自卑，孩子自卑心的来源可能是孩子自身不切实际的比较，但很多情况下来自父母的过度批评和打压，有的父母认为"棍棒之下出人才"。而事实上，那些很少受到父母表扬、总是被父母批评的孩子很容易对自己失去自信心，对自己力所能及的事都会产生退缩心理,从而慢慢地失去主动性,形成对任何事都漠不关心的态度。

作为父母,我们要明白的是,教育孩子,就是要让孩子始终拥有积极正面的能量,我们应该赞扬和鼓励孩子,让孩子远离自卑,树立自信心,他才能获得快乐、健康成长。

为了帮助孩子克服自卑心态,我们需要在日常生活中这样引导:

1.尊重孩子的成长规律,不要总是拿他和其他孩子比

事实上,我们不得不承认的是,每个孩子的智力是不一样的,学习能力也不可能完全一样,因此,当你的儿子学习得比其他人慢时,你也不能打击他:"你怎么这么笨啊,你看人家半个小时能背下来,你怎么就是背不下来。"本来他努力地在学习,现在你又拿他和别的孩子比较,这势必会给孩子造成一定的心理压力,他会认为自己真的比别人差、比别人笨,于是形成恶性循环。其实家长需要做的是为孩子营造宽松的家庭氛围,以使孩子能够放松心态自然地进入求知状态。

2.告诉孩子正确评价自我

我们要帮助孩子充分认识自己的能力、素质和心理特点,告诉孩子,不要夸大自己的缺点,也不抹杀自己的长处,这样才能确立恰当的追求目标。特别要注意对缺陷的弥补和优点的发扬,将自卑的压力变为发挥优势的动力,在自卑中超越。

3.让孩子昂首挺胸快步行走

许多心理学家认为，人们行走的姿势、步伐与其心理状态有一定关系。懒散的姿势、缓慢的步伐是情绪低落的表现，是对自己、对工作以及对别人不愉快感受的反映。步伐轻快敏捷，身姿昂首挺胸，会给人带来明朗的心境，会使自卑逃遁，自信滋生。

4.关注孩子的点滴进步

有的孩子学习成绩差，家长总是焦急甚至埋怨。要知道，孩子的学习成绩的转化是需要有个过程的，今天的他考五十分，你不可能让他明天就考一百分。因此，你需要有耐心，要关注孩子的点滴进步，如果他的努力和进步被忽略，或者努力没有取得任何效果，他就会怀疑自己的能力，进而产生自卑情绪。

所以，家长要特别关注孩子的点滴进步，发现他的闪光点。要善于纵向比较，多表扬和鼓励，让他看到自己努力的成果，从而产生自信，减少挫折感。

5.帮助孩子增强自信勇气，提升勇气

我们要帮助孩子提升勇气，如可以教会孩子在各种活动中自我提示：我并非弱者，我并不比别人差，别人能做到的我经过努力也能做到。认准了的事就要坚持干下去，争取成功，不断的成功又能使你看到自己的力量，自卑转变为自信。

6.鼓励孩子大胆尝试

孩子天生对外界事物充满好奇心，他们很喜欢尝试。对

此，家长要给予鼓励和指导，千万不要打击孩子动手的积极性，即便是做错了，也不要训斥，要积极无条件地关注自己的孩子，鼓励和帮助他们树立自信心，排除挫折，远离无助感。

7.教会孩子掌握一些消除自卑情绪的方法

其实，每个孩子身上都有无法代替的优点和潜能，你需要教会孩子懂得自我发现并发挥出来，那么，他就能自信起来。你不妨告诉孩子以下方法：

想一想：即便当下你遇到了挫折，你可以换个角度想想，挫折和失败是对人的意志、决心和勇气的锻炼。任何人只有经过挫折的淬炼和洗礼，才能成熟起来，重要的是吸取教训，不犯或少犯重复性的错误。

比一比：与同学、好友比较，不要总拿自己的缺点和不足比，你应该多与自己比，今天的你比昨天优秀，比昨天有进步，这就足够了，只有及时调整心态，以保持心理平衡。不因小败而失去信心，不因小挫折而伤掉锐气，才能不断进步。

走一走：可以到公园、野外或者大山里走一走，散散心，极目绿野，回归自然，荡涤一下胸中的烦恼，清理一下浑浊的思绪，净化一下心灵的尘埃，换回失去的理智和信心。

作为家长，我们都知道，如果我们总是用消极的心态对待一切事情，那不但什么事情都做不好，而且还会使自己产生无能、绝望的情绪。所以，在日常的生活中，家长就应时刻引导孩子，遇事要多往积极的方面考虑、用乐观的心态看待一切事情等。当孩子拥有积极的心态后,他们往往就能很自然地保持积极的自我情感体验了。

忽视孩子的情绪变化——别让抑郁吞噬你的孩子

对于成长期的孩子来说,他们的身心都在发展着,一方面,在神经内分泌的调节下,其生长速度明显加快,与此同时,其心理变化也极其迅速。家庭的气氛、家庭成员之间的关系在很大程度上会影响孩子性格的形成。物质生活的奢华反而会使孩子产生一种贪得无厌的心理,而对物质的追求往往又难以自我满足,这就是为何很多富家子弟内心空虚、不快乐甚至导致抑郁心理出现的真正原因。相反,那些过着普通生活的孩子往往只要得到一件玩具,他们就会玩得十分快活。作为父母,我们一定要注意孩子的身心发展,当孩子出现不快乐情绪时,一定要警惕抑郁心态,这是孩子健康成长的障碍。

豆豆曾是那么充满活力的一个孩子,学习成绩一流,还是学校排球队的队长。他在教学楼的走道里,停下来向每个他认识的老师和同学问好,但仍然可以快速地在上课之前赶到教室。但现在,他却不再问候任何人,动作也不再敏捷。他看起来并没有病,他说自己没有精力,总是莫名其妙地难过,在快要考试的这段时间,他也不能集中注意力。后来经心理医生诊断,他患了抑郁症。

和豆豆一样心理抑郁的孩子并不少见,抑郁的表现形式各有不同,对孩子影响最普遍的形式是:

(1)大部分时间感到沮丧或忧愁。

(2)缺乏活力,总是感到累。

(3)对以前喜欢做的事情缺乏兴趣。

(4)体重急剧增加或急剧下降。

(5)睡眠方式的巨大改变(不能入睡、长睡不醒、或很早起床)。

(6)有犯罪感或无用感。

(7)无法解释的疼痛(甚至身体上没有任何毛病)。

(8)悲观或漠然(对现在和将来的任何事情都毫不关心)。

(9)有死亡或自杀的想法。

生活中,一些孩子也可能出现其他症状。由于逃课或缺乏兴趣和动力,他们在学校的问题会越来越多。他们也可能拒绝管教、开始大量饮酒或使用毒品,以此来表示他们的愤怒和漠视。总之,任何形式的抑郁都使孩子感到孤立、恐惧和非常不快乐。抑郁的孩子不知道自己哪里不对,他只知道自己的感觉糟透了,不像以前的自己。当他感觉越来越糟的时候,他会感到自己越来越没有力量:不能控制自己的心情和生活,好像有一种神奇的东西在控制自己。

可见，抑郁这种消极心态对孩子成长的影响，家长帮助孩子赶走抑郁刻不容缓，只有赶走抑郁，孩子才能重新找回快乐。那么，家长应该怎样做呢？

1.让孩子爱好广泛

开朗乐观的孩子心中的快乐源自各个方面，一个孩子如果仅有一种爱好，他就很难保持长久快乐，试想：只爱看电视的孩子如果当晚没有合适的电视节目看，他就会郁郁寡欢。有个孩子是个书迷，但如果他还能热衷体育活动、或饲养小动物、或参演话剧，那么他的生活将变得更为丰富多彩，由此他也必然更为快乐。

2.引导孩子摆脱困境

即使天性乐观的人也不可能事事称心如意，但他们大多能很快从失意中重新奋起，并把一时的沮丧丢在脑后。父母最好在孩子很小的时候就着意培养他们应付困境乃至逆境的能力。要是一时还无法摆脱困境，那么可教育孩子学会忍耐和随遇而安，或在困境中寻找另外的精神寄托，如参加运动、游戏、聊天等等。

3.让孩子拥有自信十分重要

一个自卑的孩子往往不可能开朗乐观——这就从反面证实拥有自信与快乐性格的形成息息相关，对一个智力或能力都有限，因而充满自卑的孩子，父母务必多多发现其长处，并审时度势地多作表扬和鼓励，来自父母和亲友的肯定有助于孩子克服自卑、树立自信。

4.不要对孩子"控制"过严，不妨让孩子在不同的年龄段拥有不同的选择权

例如，2岁的孩子允许选择午餐吃什么，3岁的孩子允许选择上街时穿什么衣服，4岁的孩子允许选择假日去什么地方玩，5岁的孩子允许选择买什么玩具，6岁的孩子则允许选择看什么电视节目……只有从小就享有选择"民主"的孩子，才会感到快乐自立。

5.教会孩子与他人融洽相处

与他人融洽相处有助于培养快乐的性格，因为与他人融洽相处者心中较为光明。父母可以带领孩子接触不同年龄、性别、性格、职业和社会地位的人，让他们学会与不同的人融洽相处。此外，父母自己应与他人相处融洽，热情待客、真诚待人，给孩子树立起好榜样。

所以，当孩子出现一些抑郁症状时，家长应引起重视，多鼓励孩子，发现并表扬孩子的优点，树立孩子的自信心。家长可为孩子选择幽默、轻松的影视节目或图画书，建立轻松愉悦的生活环境。让孩子记录自己的优点，记录一些愉快的事情，并每天拿出来看一看，建立自信和良好的情绪。

强化孩子的内向与胆小——如何纠正孩子的自闭倾向

生活中，当有些家长在埋怨孩子贪玩、不专心学习、太依赖人的时候，有些家长正在为他们的孩子不说话，不理人，行为怪僻而万分苦恼着。对于第二种孩子，这是一种自闭倾向。

那么，孩子为什么会出现自闭倾向呢？我们来看下面的案例：

6岁的菲菲是个胆小怕羞的孩子。一天她随妈妈出门，遇见了妈妈的一位朋友。妈妈与朋友攀谈起来，菲菲胆怯地躲在妈妈身后，低头吸着大拇指。妈妈说："菲菲，这是丁阿姨，问阿姨好。"菲菲只是抬头看了阿姨一眼，就又低下头，继续吸她的手指。妈妈好言相哄，让菲菲走过来，但菲菲只是摇头。妈妈感到尴尬，可又不好在朋友面前发作，只好向她的朋友道歉说："菲菲是个胆怯的孩子，我想她是不好意思。"

妈妈这么一说，无疑强化了菲菲的胆小怕羞。

很多家长错误的把孩子的内向胆小当作一个大的缺点来对待，急于纠正，但又方法不当。常常人前人后地提醒孩子，有的还强迫孩子在陌生人面前表现自己，当孩子不肯表现的时候，为了给自己一个台阶下，又当着别人的面说孩子内向胆小。这样不但不能纠正孩子的胆小怕羞，反而会加重孩子的内心体验，使孩子变得更加的内向胆小。

其实，孩子有自闭倾向很有可能是不良教养方式导致的结果。如父母自身有手机依赖，同虚拟或无声的世界沟通，家里经常处于沉默环境，这对孩子教养非常不利，父母应纠正自身教养方式。

具体来说，可以遵循以下这些建议：

1.帮助孩子树立自信心

有自闭倾向的孩子往往有自卑的心理特点，对自己是否有能力完成某些事情表示怀疑，结果可能会由于心理紧张、拘谨，使得原本可以做好的事情弄糟了，久而久之，他们就会封闭内心、不再尝试了。

因此，父母要教导孩子在做一些事情之前就应该为自己打气，相信自己有能力发挥自己的水平，然后按照自己想法去努力就可以了。

2.经常和孩子沟通

和孩子沟通，能让孩子感觉到这个世界上不是只有他一个人。就算他不愿意多说，也要不厌其烦地去说。这样能让孩子知道语言的世界是多么美妙。

3.多带孩子出去玩

让孩子多接触大自然，会让孩子感到心情开阔，心里会慢慢地放松，从自己的世界走出来。

4.扩大孩子的交际和接触面

一般来说，自闭的孩子面对众多目光只是觉得不安，并非讨厌赞美和掌声，您只要看看他们投向同伴的目光就知道了。

因此，家长应有意识地扩大孩子接触面，让孩子经常面对陌生的人与环境，逐渐减轻不安心理。闲暇时，带孩子和邻居聊上几句，帮孩子与同龄朋友一起玩耍，建立友谊；购物时，甚至可以让孩子帮忙付钱；经常到同事、亲戚家串门；节假日，一家三口背上行囊去旅游，让孩子置身于川流不息的游客潮中……随着见识的增长，孩子再面对别人的目光时，便会多几分坦然。

5.鼓励孩子多交朋友

交朋友是让孩子知道这个世界上还有那么多的人，和别人在一起玩比自己一个人玩有意思的多。

6.多让孩子看一些英雄故事

这样可以激励孩子的英雄气概，让他懂得帮助别人是一件多么有意义的事情。

7.对孩子态度要好

千万不要因为孩子的行为而对孩子训斥，因为这样的孩子你越是没耐心，他就越是容易把自己关起来。

另外，当孩子不能大方与人交流时，父母不要斥责孩子。

一些自闭的孩子在与人交往时表现出扭捏、胆小，且自信心不足，父母一味指责只会让孩子的自信心再次受到打击。可以想象，一个自信心严重受创的孩子，又怎么可能变得开朗大方呢？

8.切忌将孩子与同龄孩子对比或者辱骂孩子

我们应该不失时机地与孩子沟通，给孩子以鼓励和赞扬，帮助并引导孩子努力克服自身的弱点，尽可能避免孩子因胆怯所造成的心理紧张，以缓解孩子的胆怯，促进孩子健康成长。

总的来说，性格开朗活泼的孩子更聪明、具有更强的学习能力，因此，专家建议，父母一旦发现孩子有自闭倾向，我们应思考孩子的教养方式，并给予积极的干预和纠正。

恐吓与训斥——逐步纠正孩子胆小懦弱的性格

作为父母，在孩子还很小的时候，他们很娇弱，需要我们的保护，但我们的孩子绝对不能是个弱者，要知道，一个弱者难以在社会上立足。我们教育孩子，就要让孩子凡事有足够的勇气，把懦弱的苗头扼杀在摇篮里。因此，父母应该在孩子在很小的时候，就为之制定规矩，培养孩子的勇气。

事实上，在现实生活中，大部分父母在教育孩子时，往往关注其学习成绩，而忽视了其勇气的培养，这使得孩子普遍缺少勇敢精神。这些"胆小鬼"们凡事怕字当头：怕黑夜，怕生人，怕风，怕雨，怕闪电惊雷，怕动物，怕父母不陪在身边……但是父母们并不认为这有什么不妥，反而觉得小孩子就应该如此，但是这样的认识未免显得片面，因为他们不知道一个懦弱的孩子很难建立起自信，也很难做成属于自己的事情。

孩子胆小的源头在家庭，在父母，在他们不恰当的教育。

造成孩子胆小的原因主要有：

第一，经常恐吓。孩子还很小的时候，哭闹是正常的，不少父母在看到孩子哭闹、不听话时，为了制止孩子，他们会采用恐吓的方法来让孩子停止哭闹，比如用大灰狼、老虎来恐吓，甚至关掉电灯或者让孩子独自一人，但这些方法无异于饮鸩止渴，表面上能解决问题，实际上，在孩子还稚嫩的心灵中，从此留下了挥之不去的阴影，它的副作用是很大的，会给孩子带来长时间的心理创伤。一次两次还好，如果父母总是用这种方法制止孩子哭闹，那么，即便是一个活泼、勇敢的孩子，也会对生活产生恐惧心理，更很难有勇气面对未来人生的种种问题，比如，在成长过程中。如果被人欺负，这种恐惧心理会卷土重来，像一个巨大的阴影吞噬孩子，甚至会影响孩子一生。

第二，动辄训斥。俗话说严师出高徒，很多孩子的父母望子成龙、望女成凤，认为孩子是管教出来的，于是便陷入一些误区，他们对孩子管教的很严厉，他们对孩子的要求过于苛刻，孩子稍有差错，或稍有不顺眼的地方，动辄大声训斥，严厉批评，可父母忽视的是，孩子生性娇弱，自尊而敏感，动辄大声训斥，不是让孩子彻底丧失自尊心，就是让他与自信心无缘，这样的做法无异于扼杀孩子的未来。

第三，过分娇惯。与过分严苛相同，过分娇惯同样会让孩子产生懦弱的心理。这也不是对孩子好，因为娇惯让孩子们没有了接触挫折和失败的机会，也就剥夺了孩子锻炼的机会。

很多父母，潜意识里把孩子当成弱者来看待，过分的渲染使孩子产生自卑感。这让一个原本自信的孩子，失去了坚定、果敢、骄傲等品质，对于孩子的成长极为不利，鉴于此，家长应该改变教育方式，为孩子制定规矩，就是要教孩子勇敢起来：

1.家长必须自己要勇敢、坚强，做孩子的榜样

同时，还要积极鼓励孩子大胆与人竞争，积极参与各种活动，在参与中锻炼和壮大胆量。勇敢心态的培养要从小开始，从点滴的小事做起，对孩子多鼓励、多赞赏，帮助孩子排解心理障碍，克服自卑心理，才能造就新时代新人，让他们生活在自信自立的天空下，快乐而幸福。

2.不要溺爱孩子

家长的过分保护会给孩子消极的暗示。在家长的溺爱下，孩子一方面会变得娇纵、不可一世；另一方面，孩子的身体动觉智能也没有得到开发，会对实践产生畏惧心理。这样的孩子在面对"侵略"的时候不知所措，也就不足为奇了。

3.鼓励孩子对外交往

这是孩子的天性——孩子天生是出色的外交家，他们的世界是以关系为主的，他们需要在交往中锻炼自己的能力。如果孩子的生活中缺少了这一环节，他们就不知道该如何与别人交往，当碰到不公平的事情时，就更不知道怎么处理了。

4.放手让孩子成长

很多懦弱的孩子都属于环境适应能力较弱型，这可能和他的性格有关，这些孩子大多性情沉静、沉默寡言，虽然易形成勤勉、实事求是等优点，但也可能发展成消极、懦弱等倾向。这些孩子在长辈的过分疼惜下，穿衣洗脸、剥鸡蛋等小事都被家长包揽，这剥夺了孩子社会化发展的机会，这是造成孩子性格懦弱的主要原因。放手让孩子成长，是解决这个问题的关键。

5.鼓励孩子勇于争取

香港著名女作家梁凤仪小的时候，是一个不敢说话的小女孩。有一次，小凤仪跟爸爸逛商场，就要离开时，她拽住爸爸的衣角："爸爸，再玩一回吧。"小凤仪并不是贪玩的孩子，她只是想要柜台里漂亮的洋娃娃。爸爸看出了她的心思，却没有主动买给她。终于，小凤仪忍不住了，她用细若蚊蝇的声音说："爸爸，我……想买一样……东西。""买什么？说话别吞吞吐吐，想要什么说出来！""我想买一个洋娃娃！"小凤仪鼓起勇气说。于是，她得到了一个洋娃娃。

小梁凤仪的父亲是睿智的人，他鼓励女儿去争取，让女儿敢大胆地表达自己的想法，让女儿有了争取的欲望，更让女儿尝到了因为争取而成功的喜悦。

6.当孩子的"权益"被"侵犯"时，家长要正确地引导，告诉他可以忍耐的限度

比如，当他被别的小朋友欺负时，要让他学会和别人理

论，理论无效时，你不妨放手，让他用孩子之间的方式解决问题，要有意识的忽视他因无父母帮助不满的情绪。

父母不可能永远是孩子的保护伞，只有真正地让孩子勇敢起来，拥有积极的心态，做一个生活的强者，才能让孩子独自去面对原本就不是一帆风顺的生活，在挫折面前才不会奢望别人的帮助，才会化不利为有利，才不会在外人面前轻易流泪，也不会在困难面前手足无措、六神无主，无法养活自己，才能成为一个强者！

第07章
引导孩子获得良好的人际关系，父母不要做的事

作为父母，我们都知道，我们的孩子，有没有社会交往能力，是他以后生存的重要方面，社会交往能力强的人更容易走向成功。随着社会的进步，现在孩子的成长环境越来越优越，生活内容也越来越丰富，这使孩子有了更多在外表现的可能，对此，作为父母，要抛弃担心和成见，不但要鼓励孩子与人交往，更要帮助孩子培养迷人的个性，进而大力帮助并引导他们结识好的朋友，建立纯真友谊，让他们走出狭小的自我空间，在与集体的相处中感受温暖和愉悦，在心与心的交往中丰富自己的情感世界。

让孩子从小吃独食——引导孩子学会与人分享

作为父母，我们都明白一个道理，我们的孩子最终要走向社会，要在群体中生活。只有与人分享，才能得到别人的信任、支持和尊重，因此，父母们希望自己的孩子学会与人分享，养成慷慨、大方、谦让的美德。

分享，是指将自己喜爱的物品、美好的情感体验及劳动成果与他人共享的过程。"分享"意味着宽容的心、协同能力、交往技巧与合作精神，这些都是孩子应具备的重要素质。人生在世，我们每个人都需要和别人分享。分享快乐，分享痛苦，这样对自己有好处的同时，对别人也有好处，就是现在说的"双赢"。

孩子不愿意与人分享，主要原因有三：

第一，现代家庭中多半是独生子女，家人都围着孩子转，孩子缺乏伸手帮助他人的氛围与机会。

第二，儿童缺乏替别人着想的意识。

第三，儿童接受的教育程度不足，还未意识到除了自己还有他人，要替他人着想。

实际上，由于家庭教育的缺失，尤其是父母的溺爱，很多孩子自私自利，不愿意与人分享，这对孩子成为一个合格的社会人是极为不利的。在现实生活中,自私、不愿意与人分享的孩子并不少见。这虽然不是什么大毛病,但如果是一个什么都不愿与他人分享,独占意识很强的人,是很难与他人形成良好的人际关系的。所以,从小克服孩子的自私,培养孩子与他人分享的意识很重要。为此,爸爸妈妈应该帮助孩子做到下面几点:

1.分享物质,就是分享糖果、糕点、图书等物品

可以借宝宝过生日,邀请小伙伴、父母的亲朋好友一起来分享生日蛋糕,让孩子在此过程中学会分享,体验分享的快乐。宝宝有了新玩具或新图书,家长可以引导孩子把好东西带到幼儿园,与同伴一起分享,让孩子懂得好东西要与人一起分享,这样才快乐。

教孩子与人分享,要根据一定的年龄。

当孩子小的时候是不知道,也不愿意把自己的东西拿出来和别人分享的。两岁以前的小孩,一般来说是自己玩,或大人带着玩,还不能和其他小朋友一起玩。这个时期的小孩,如果他想要别人的东西,要让他学会说请。先让其他人配合,如果说请,可以给他的一般就给他。如果不可以的,就说明理由。

在两岁左右时,就可以开始教他分享了。教他分享给别人,要慢慢劝说,不能强迫。

渐渐地养成他愿意分享的优点,让他感受到,有礼貌时别人分享给他的可能性很大,而分享给别人时可以玩得更高兴,

同时可以交到朋友。但也要告诉他，如果不愿意带别人玩的，可以不分享。

2.分享快乐

就是别人很高兴的事，你也可以一起高兴，从而产生一种因分享而带来的快乐和满足感。

3.分享成功

也是培养孩子的大气。引导孩子从小分享他人成功经验，就显得尤为重要了。

4.在家庭中巩固分享行为的形成

孩子善于观察和模仿，家长的言行举止都是孩子观察和模仿的对象。

（1）创设环境。家中父母也要尊老爱幼、关心他人、创设分享的环境，引导孩子从身边的小事做起。例如，把新玩具分给邻居家的小朋友玩，有好吃的先分给爷爷、奶奶、爸爸、妈妈吃，让孩子渐渐养成分享的行为。

（2）故事引导。家长可以在晚饭后，或者睡觉前讲述一些有关分享和谦让的脍炙人口的故事或儿歌，让孩子从小懂得要谦让，要把好东西分给大家。

（3）榜样作用。父母是孩子的第一任老师，父母的日常行为、言谈举止和情感态度随时都对孩子的发展产生潜移默化的影响。所以，父母要做个有心人，平时抓住一切有利时机为孩子做好行为示范。父母必须经常检查自身的言行，为孩子做出良好的榜样。

5. 进行分配

如果孩子分配得合理，就及时表扬强化。在小区里，家长可以引导孩子关心帮助他人，如给孤寡老人问寒送暖、给灾区人民捐衣送物、和邻居友好相处等等。家中如果有小客人来了，可以请孩子来招待，把自己好玩的玩具、好看的图书拿出来与小客人分享。

6. 及时鼓励表扬

父母应该采取积极的教育态度，当孩子表现出不愿分享时，家长要告诉孩子，好东西要同大家一起分享，同时在平时生活小事中不忘教育提醒孩子分享。在孩子分享了自己的东西后父母及时给予肯定和表扬。

7. 主动分享孩子的爱好、兴趣，打开孩子分享的心

有时候，有些孩子不愿与父母分享，是因为父母不是贴心的朋友，父母总是以过来人的态度与观点数落他们。因此，家长们不要什么事情都认为自己在理，都认为自己是对的，自己的孩子永远是错的，其实孩子的成长不是家长告诉他要怎样做，什么样的结果是对的，什么样的结果是错的。

有个母亲的做法就很好，她发现自己的女儿很喜欢储蓄，小钱罐里装满了硬币，于是，她就和丈夫商量，每月给女儿一些钱，让女儿管家里的日常开销。女儿在接受了这一任务之后，一下子成了家里的小会计，每天都会因为购买一些日常用

品而与父母沟通,和女儿的关系也比以前亲密多了。而女儿的学习成绩却并没有因此而受到影响。

可见,我们若想拉近与孩子的心理距离,让孩子乐于跟我们分享,就应该在平时多留意社会的发展和孩子的想法,注意与孩子沟通,在了解孩子的想法后也多向老师求教,双方配合合理引导,使孩子个人爱好与他长远的人生目标衔接上,从而共同促进孩子的健康成长。

总之,家长不能对孩子的要求有求必应,而是让孩子在和别人交往中,自己决定什么东西在什么时候是否分享,父母只能引导,不能强迫,要用正面教育的方法。教孩子和朋友分担痛苦,他的痛苦就会减少许多;教孩子和朋友分担快乐,他的快乐就会成倍增长。学会了分担和分享,他的生活就会遍布阳光,这样的孩子才是内心健康,人格健全的孩子,才能迎接未来社会的挑战!

限制孩子的交往——培养落落大方、受人欢迎的孩子

现代社会,任何一个人都需要掌握一定的社会交往能力,一个人的价值很大一部分是在社会交往中实现的,而我们很多父母也已经认识到这一点,并开始着手培养孩子的这一能力,然而,不少父母发现,孩子似乎很内向和羞怯,不敢与人交

往，而其实，这与很多父母的教养方式有关，一些父母，总是过度保护孩子、限制孩子与人交往，久而久之，孩子便缺乏交往能力了。

因此，在孩子很小的时候，我们父母就有必要鼓励孩子多出去交朋友，让他完善自己的交际能力，这样，孩子就能做到不偏不倚、不卑不亢，自信大方地与人交往。

"我女儿5岁半了，很可爱，就是特爱害羞，碰到熟人也一样，有时甚至还会因害羞而哭闹。我也跟她讲了很多道理，可还是不管用。这该怎么办？"

这是一位漂亮妈妈对儿童心理学家说的话。其实，孩子到了5岁，正是他初步进行社会交往的阶段，孩子在这个阶段会学习如何来面对家人以外的人。在这之前他的身体还不够自如，语言表达也比较简单，更多地需要成人来猜测他的意愿。可以说，他的生活处处依赖成人。而孩子到了这个年龄以后，基本都开始上幼儿园，会接触到很多的同龄小伙伴，生活范围一下子扩大了。这时，需要他们自己去面对很多的"陌生人"，需要一个适应的过程。

但由于每个孩子生下来就具有不同的气质类型，一些孩子因为性格内向，一般不自信，会有点害羞，外向的孩子可能在交往中比较大胆。气质性格类型没有好坏，只是表明了孩子对待世界的不同方式。但家长一定要注意孩子的心理成长，别把孩子的不自信当成孩子的内向和害羞，一旦发现孩子不自信，就需要根据孩子的特点进行引导，让孩子喜欢交往，擅长交往。但家长也不必担心，这个年龄段的孩子性格可塑性很大，及时正确引导，是完全可以达到效果的。

那么，家长具体应该怎么做呢？

1.创设机会，给他与人接触的机会

父母可以带领孩子参加一些联欢活动、参加故事会，也可以将孩子的小伙伴邀请到家中，拿出玩具、糖果、画报，让孩子慢慢习惯于和别的孩子交往。孩子通常需要安全感，所以起初有家长在一旁陪伴，会让他比较放心。

2.家长多进行积极引导，避免强调孩子的弱点

如果家长朋友说："我的女儿胆子小、不自信、走不出去。"实际上这是强化孩子的弱点，结果是："胆大"的孩子更"胆大"，"害羞"的孩子更"害羞"。有的家长会有意无意地说："你看人家妹妹都会打招呼，你怎么都不会说呢？"这样的比较，反而会对孩子幼小的自尊心产生伤害，让他更加害羞，更加不愿意说话。所以您不要轻易去比较，要相信自己的孩子就是最棒的。

当有其他人问候他时，您可以让孩子自己来回答，不必代替孩子来说。如果孩子不愿意说，您可以进行一些引导，如"小朋友跟你问好了，你该怎么回答啊？"当孩子自己与"陌生人"进行交流以后，逐渐就会胆大起来和自信起来。

3.教孩子学会自制

与人相处，经常可能会因意见不同、误会等原因难免发生摩擦冲突，而面对摩擦，学会克制自己的情绪，就能达到有效地避免争论、"化干戈为玉帛"的效果。青春期孩子，要想克制自己，就要学会以大局为重，即使是在自己的自尊与利益受到损害时也是如此。但克制并不是无条件的，应有理、有利、有节，如果是为一时苟安，忍气吞声地任凭他人的无端攻击、指责，则是怯懦的表现，而不是正确的交往态度。

4.教给孩子一些交往技巧

这是让你的宝贝逐渐自信起来的最佳办法。您可以教给孩子一些交往技巧。比如：带着有趣的玩具走到其他小朋友的身边，这就能吸引别人的注意；做与其他小朋友一样的动作，也会得到友好的回应；想玩别人的东西，说："哥哥姐姐让我玩好吗？"让孩子自己去说，哪怕是您教半句，孩子学半句也好。如果得到了满意的回答也别急着玩，要让孩子学会说"谢谢"。如果得不到满意的回答，您可以打圆场，转移孩子的注意力。家长要明白，集体里孩子是一定会经历失败的，父母现在教孩子一些交往技巧，以后孩子独立面对失败时就不会承受不起。

5.及时表扬你的孩子

我们的孩子都是脆弱的，他在交往中迈出的每一步都需要父母的支持与鼓励。当孩子能大胆与其他人进行交往时，及时的表扬会让孩子更加自信,更乐于去与别人交往。

6.让孩子多做些运动

研究表明,无论男孩女孩,在运动中,他们能获得自信,能提升交往能力。家长也不妨多和孩子玩一些体育运动,如球类游戏、赛跑游戏等。在孩子从事喜欢的活动时,他们更容易被引导而学会与人交流,一般来说,在大人与小孩子、或者孩子与孩子互动玩乐、运动的时候是孩子最放松的时候,也是引导他与人交流的最好时机。

我们教育孩子,除了给孩子一个轻松舒适的生长环境、有优越的生活条件、有品位的生活以外,还需要教会孩子如何自信的与人交往,而这需要我们在孩子还很小的时候就对其制定一些交往规矩,要知道,一个落落大方、平易近人的人才能赢得别人的赞同、尊重和喜欢,才不会孤独。

自身修养不足——你的修养,就是你孩子的教养

不得不承认,我们每个人从呱呱坠地开始,就开始归属于一个家庭,家庭也为我们的性格、个性等打上了最初的烙印,这是人出生后最初的教育场所。父母的性格、教育方式、教育观念、在家庭中所处的位置以及所扮演的角色等对一个人性格的最终形成有非常重要的影响。从这个意义上说,家庭是一个

孩子的工厂。

在教育孩子的问题上，不少家长感叹，为何周围的人评论自己的孩子没有教养，比如，公共场合不注意形象、大声喧哗，待人没有礼貌、蛮横无理等，而其实作为家长的你是否反思过，你的修养如何呢？

比如，可能我们父母经常教育孩子要遵守交通规则，然而，我们自身是怎么做的呢？

相信下面这一幕我们并不陌生：

红灯亮起了，一群人站在斑马线的一端等绿灯。这时，穿行的车辆少了一点儿，人群中有人等不及了，要闯红灯过马路。有位领着女儿的妈妈也拉起孩子的手准备穿行，这时女儿抬起头问："妈妈，你不是说要等绿灯亮起才走吗？你要闯红灯了！"女儿的话让妈妈很没面子，妈妈恼火地看了女儿一眼，想要斥责她，但忽然听到"吱"的一声急刹车，一辆轿车差点撞到闯红灯的行人。妈妈心里感叹："幸好有女儿提醒，否则后果不堪设想。"

孩子不同于成人，仅靠说教也许不能引起他的注意，因此父母要将这些道理反复地和孩子讲，并且要以身作则，自己坚持不闯红灯，过马路一定走斑马线，用自己的行为给孩子做出好的榜样。

关于孩子的教养问题，我们再来看下面的这位母亲是怎么做的：

"我们经常教育孩子心胸要宽广,要宽以待人,对待他人要热情等。一次,楼上邻居晾晒的衣服上不断滴下的水把我洗好就要晾干的衣服又淋湿了,害得我又把衣服洗了一遍。但我只是客气地提醒楼上的邻居,没有生气发火。还有一次,我在送孩子上学的路上,被一辆自行车刮了一下,手很痛,骑车人不断地说对不起,我看着有些红肿的手背,只告诉骑车人要注意安全,就让他走了。孩子问我:'妈妈,你怎么让他走了?万一你的手骨折了怎么办?'我笑着对孩子说:'没关系,妈妈的手不会骨折。一会儿就会好的。叔叔也不是故意的。他已经道歉了。'"

家长是孩子的第一任老师,父母如何待人接物、心胸是否宽广,直接影响到孩子,父母平时要待人要和蔼,一些针尖大的事情,没必要斤斤计较,更不要发火和出口伤人,因为父母的一言一行都映射在孩子幼小的心灵上。

曾经在某所贵族学校,有个女孩被学校老师称为"暴力女孩",她喜欢集结学校的一帮女生欺负自己"看不惯"的女生甚至很多老师,后来她被学校开除,她坦承自己这种坏品行和自己的父亲有关。

原来女孩的父亲是一个暴力主义者,母亲在家里一点地位也没有,一天晚上,她原本是和朋友一起去看电影,但出门不久,发现电影票忘带了,当她准备进家门时,却在门缝里看见父亲将母亲压在地上使劲打,女孩气急败坏,冲上去就揍了父亲一拳，但打了父亲以后，那晚上她在床上翻来覆去，无法入睡。一整晚，脑海里不断重复上演所看到的那些画面。女孩从此性情大变，一步步堕落。

为什么会这样？因为她爸爸给女儿上了一场"暴力课"。的确，培养一个懂礼貌、聪慧、大方的孩子，父母一定要做孩子的行为表率。生活中，我们每个人都像一只小船，而只有家庭，才是我们的港湾，它能给我们带来安全感，同样，每一个父母，只有用自己的修养来教育孩子，才能让孩子有良好的教养，在平日的家庭生活中，父母待人接物彬彬有礼、心胸宽广，孩子才会感觉到轻松、安全、心情舒畅、情绪稳定，有利于孩子形成良好的教养。因此，从这一点看，言传身教是对孩子最好的教育方式之一。

所以说，给孩子一个良好的成长环境是让孩子健康成长的关键。而良好的家庭环境中最为关键的因素之一就是父母良好的修养。

放任孩子以自我为中心——教会孩子将心比心，心中有他人

家庭是人生的第一课堂，父母是人生的第一任老师。也有人说："家庭是孩子的一面红旗，父母是孩子的一面镜子。"

可以看出，作为父母，对孩子的影响是很大的。孩子自我中心的形成往往与不恰当的教养方式有关。现代社会，很多孩子都是独生子女，生活条件优越、长辈宠爱，都是以自我为中心，很少会为人考虑，但一些父母却纵容孩子，放任孩子以自我为中心，进而导致了孩子自私自利，凡事只考虑自己，这样的孩子怎么能有健全的人格和健康向上的性格呢？

因此，为了让孩子健康地成长，每位家长都有责任在孩子的心灵中播撒一颗爱的种子，只有当这粒种子在孩子的心灵中生根发芽时，他的心中才能装得下别人。

孩子以自我为中心是有一定的发展阶段的，这个阶段需要家长的及时引导，不然就会养育出一个自私自利的孩子。

自我中心是儿童早期自我意识发展的一个必然阶段。孩子刚出生时处于蒙昧未开的状态，没有客我之分，他们喜欢吮吸自己的手指，其实这与吮吸其他东西没什么不同，两三岁以后，孩子的自我意识开始萌芽，能将自己从他人和外界事物中区分开来。学着使用"我要""我有"和"我的"等带有第一人称的代名词。此时，儿童的自我意识发展到自我中心阶段。在此阶段，儿童会从自己的角度来观察世界，他们认为周围的人和事物都跟自己密切相关。他们往往从自我角度来判断和处事，很少或者不将他人考虑进去。

随着幼儿交往活动的增加，孩子逐渐有了他人意识，进而逐渐认识自我和他人的关系。到了四五岁，儿童不仅能够知道自己的行为会给自己带来什么好处，还能够进一步理解到自己的行为会给周围人带来什么好处。此时，我们可以看到儿童愿意为了集体活动的成功而行动。

可以说，自我中心人人都有，只是每个人的发展程度与速度上有差异，如果一个孩子到了六七岁还存在着严重的自我中心倾向，那么，这就是问题，这是孩子心理机能发展不充分的表现，这类孩子往往只关注自己的需求和利益，对别人的需求、意见和看法往往置之不理，对于别人不同的观点，他们完全无法接纳，因为他不懂得，除了自己的观点之外，还可以有别人的观点，他认为别人的心理活动和自己的是完全一样的。

由于孩子年龄小，具有可塑性，才容易把感恩的种子埋在心田，并不断开花结果。这个过程少不了家长的引导、指点。那么，家长该怎样引导年幼的孩子克服自我中心的心理呢？这就需要教导孩子学会换位思考。

1.让孩子清楚自己的份额

从孩子三四岁起，就要让孩子开始认识到自己在家庭中的位置。比如说，有了好吃的，不要只留给孩子一个人吃，可以根据家里的人数分成几份，让他知道自己的食物只是其中的一份，而不是全部，懂得与人分享的概念。如果爸爸妈妈舍不得吃，可以留给孩子，但是要让孩子知道这种"优待"之中有父母的自我克制和爱，并不是理所当然。

2.让孩子多替别人想想

孩子之所以会自我中心，是因为他不知道自己的行为会给别人带来什么样的负面影响，可以引导孩子站在他人的角度思考问题，学会换位思考。

有位家长是这样教育自己的孩子的："有一次，朋友给我的儿子买了一顶帽子。儿子一戴，抱怨帽子小，戴着还觉得头皮发痒，一脸的不高兴，更没有主动表示感谢之意，弄得我很生气，朋友也一脸尴尬。等朋友走后，我就问儿子：'如果你买了一个礼物送给别人，结果人家看到你送的东西一脸的不高兴，你心里会怎样想？如果对方高高兴兴地接受，并大大方方地谢谢你，你是不是会很愉快呀？'儿子知道自己做得不对了，当天就打电话给送礼物的阿姨表示感谢，并为自己的失礼道歉。后来，儿子渐渐学会换位思考，没有我们的指点，他也能独立地面对别人的好意而主动说出感谢、感激的话了。"

3.孩子学会分享

在许多人眼里，帮助他人，意味着付出，意味着对自我的克制，其实更多的人还是在助人的过程中发现了快乐，帮孩子体会与人分享带来的快乐，他会更愿意与人分享并帮助他人。应尽量避免给孩子树立负面的榜样。

4.换位思考也需要家长转变观念，多从孩子的角度考虑问题

苏霍姆林斯基讲过这样一个故事：

他小时候住在一间杂货铺附近，每天都能看到大人把某种东西交给杂货店老板，然后换回自己需要的物品。有一天，他想出一个坏主意，将一把石子递给老板"换"糖，杂货店老板迟疑片刻后收下了石子，然后把糖换给了他。苏霍姆林斯基说："这个老人的善良和对儿童的理解影响了我终身。"

这位杂货店老板不是教育家，但他拥有教育者的智慧：他没有用成人的逻辑去分析孩子的行为，而是从孩子的角度，用宽容维护了一个儿童的尊严。这给家长有一定的启示，教育孩子要学会理解，教育孩子重在理解，重在引导，体验他们的感受，才能对症下药。

古语说："儿行千里母担忧"，孩子是父母生命的延续和希望，是父母心中永远的牵挂。父母都期盼自己的儿子能成才，然而要使孩子健康地成长，家庭教育也是不可或缺的。有一个比喻说得好：孩子就像风筝，父母就是放风筝的人，孩子飞多高多远，就看怎么放手中的线。如果每个孩子都能学会换位思考，学会将心比心，那么生活中一定会多份理解、和谐、幸福！他们也会因此而拥有一颗感恩的心，那么将来在工作中也一定能把方便留给别人，把困难留给自己，从而获得更好的人际关系，这样的人际关系一定会更融洽，工作氛围也会更轻松！

让孩子处于家庭的中心地位——告诉孩子尊重别人就是尊重自己

自尊,是人们对自己价值的正确评价,是我们相信自己的价值和能力的正确观念,凭着它我们可以应对生活中遇到的任何挑战,随着我们每个人知识的增长、技能的提高和能力的增强,自尊也越来越强。这个过程与肌肉经过不断训练变得更强壮十分类似。在家庭教育中,如果父母替孩子做了他们自己能做的事,就干预了孩子的正常发育——心理学家弗兰克·沃尔顿称之为"心理肌肉",就好像父母坚持替孩子举本来孩子能举动的东西一样,从而阻碍了孩子身体肌肉的发育。

在孩子的成长过程中,也是如此。现代社会,很多父母已经认识到孩子的心灵成长教育的重要性,他们认识到溺爱和娇惯孩子是在扼杀孩子的生存能力,认识到让孩子饭来张口、衣来伸手,时时、事事、处处都处于家庭的中心位置实际上是孩子产生任性和蛮横行为的根源,他们不再对孩子的要求无条件地满足。的确,选择正确的家教方式,既关心爱护孩子,又要对孩子进行严格要求,不娇宠、不溺爱孩子。这就使孩子能学到独立面对生活的本领。但也有很多父母在教育孩子的时候,犯了过犹不及的错误,淡化了父母的关爱、过于压制孩子的物质需求,让孩子在困境中衍生自私自利、过于自尊的性格缺点。这对孩子的身心发展都是极为不利的。

其实,我们要告诉孩子:尊重别人就是尊重自己。要以约束为主,鼓励为辅,正如鲁道夫·德瑞克斯所说:"孩子需要鼓励就好像植物需要水分。"

一个要想得到自尊的孩子,就必须先尊重别人,这对于处于逆境中的孩子也一样,自尊是自己争取的,而不是别人给的,家长让孩子克服孩子的以自我为中心和任性、蛮横行为的同时,也要防止矫枉过正,注意在平时的日常生活中对孩子进行正确的引导和鼓励,具体来说,家长可以做到:

第一,积极参与,始终与孩子同在。虽然孩子的生活中有许多因素影响其观念的形成,但是家庭氛围、家长和孩子之间的关系是重要的因素之一,而且是家长最能够积极参与的因素。父母在家庭中的价值观念、行为举止、观念信条等都将会对整个家庭氛围和孩子形成的观念产生最深远的影响。

在家庭中培养孩子的尊重观念要通过强调其正确性、可能性和潜力。生活中充满了粗俗、失败、失望和否认、抗拒等诸多困难。如果除了这些生活本身的艰难和残酷之外,孩子还要对自己和别人持有悲观失望的态度,那么他们极有可能被生活的苦难淹没。或者,至少他们的生活中会缺少欢乐。那些相信自己并对别人持有基本的信任、内心又十分上进的孩子能够迎接生活中的任何挑战,并真正获得尊重。这种积极进取的心态也会使人心胸宽广、性情开朗。但也有一些孩子,为了在逆境中赢得尊重,不尊重别人且过于自尊,而这两种截然不同的品质的形成,是与家长的鼓励和参与有直接关系的。

第二,在尊重他人方面做子女的表率。为使孩子成人、成才,许多家长视孩子为自己的私有财产,"望子成龙""望女成凤"心切,对待孩子或溺爱姑息,或简单粗暴,这很容易使孩子的心理产生扭曲。作为家长首先要尊重孩子,努力创设家庭的民主氛围,这是父母为孩子应尽的义务。同时,不能一味讲家长权威,要注意和孩子进行思想交流与情感沟通。

第三,父母可以把尊重别人作为家庭价值观甚至是一种制度来让孩子从小履行,这样,孩子就会把尊重当成一种习惯,即使在遇到困难和折磨时,也不会抛弃这一观念。

家庭价值观是指父母双方都遵从的,并且渗透到家庭日常生活中的价值观念,如尊重。家庭价值观对孩子有十分强大的影响力。但是当这些价值观念强加给孩子时,他会拒不接受,而只有家长持之以恒地言传身教,并且不断地鼓励孩子,他们才会接受。

能够对孩子的观念产生最有意义的影响的、最重要的家庭价值观是有关社会价值方面的,这种有关社会的观念关注的是人的价值和人与人之间的关系,那些懂得尊重别人的孩子往往是受了以下家庭价值观的影响:

(1)所有的人都是有价值、有意义的个体,都值得尊重。

(2)每个人都应该富有协作精神。

(3)尊重别人非常重要。关心别人,为别人做贡献,理解、接受和尊重来自不同家庭和背景的人。

（4）摩擦和冲突是不可避免的，但是可以通过友好文明的方式加以解决。

（5）孩子也需要父母的尊重和信任。这就要求家长对孩子的感受表示理解和关心。每个人都有感情，而且有时会感到迷惑或痛苦。要努力理解孩子的感受，而不要由此对他们形成什么判断或者试图改变他们，帮助孩子感觉到自己被接受、被尊重，相信他们能够为今后面对生活中的困难做好准备。

总之，我们要鼓励孩子尊重别人，同时也应当考虑面对的挑战是否适合孩子的成长发育，这一点也很重要。其次，给予孩子充分的信任，相信孩子能自己走出困境，除了以前的问题和困难，相信你的孩子也有能力学习、成长和发展。当孩子表现出不自信、担心或恐惧时，听听他们的感受，充分相信他们的能力对孩子十分有意义。这样对孩子说："我知道这件事很难，但我相信你能处理。"这样会极大地激发起孩子的勇气和信心。

教育无小事，作为家长，要教育孩子尊重别人的人才会受到尊重，尊重别人就是尊重自己。从每一件小事培养，抓住每一个细节，让我们做得更好！

缺乏良好素质教育——培养懂文明礼貌的孩子

作为父母，我们都希望自己的孩子能聪明伶俐，落落大方，待人彬彬有礼，一个受人欢迎的孩子不能是一个目中无人、骄纵的人，而应该是一个有修养、大方的人，我们父母要给孩子良好的成长环境，但不能骄纵他，家长不能让自己教育的缺失影响到孩子的一生！

也许，在孩子还小的时候，无论是老师还是父母都嘱咐孩子要文明礼貌，要尊重他人，但是随着孩子年纪的增长，逐渐忽视了孩子的这一教育，转而把眼光都放在了孩子的学习上，而事实上，孩子是需要全面发展的，这也是素质教育的宗旨。还有一些父母，本身目中无人、颐指气使、缺乏教养，那么，也很容易对孩子造成严重的负面影响。

要知道，一个满嘴脏话的人，无论是生活、工作还是学习，是无法获得他人的尊重和友好协作，也不易获得友谊和自信，王刚和姚亮因此往往缺乏幸福感。

这天，正是午休时间，爱听歌的王刚一边走路一边看手机上的歌词，耳朵里还塞着耳机，一边哼着歌一边摇着头，就这样，王刚和姚亮两人撞在一起。

姚亮斜睨了王刚一眼，怪声怪气地说："好狗不挡道。"

王刚瞪大眼睛，气愤地回应："你！没长眼啊？"

姚亮嗓门也很高："你才没长眼呢！"

王刚更是扯着嗓子喊:"你长眼瞎了啊!"

姚亮向前一步嚷:"你才瞎了呢!"

两个人脸红脖子粗,谁也不肯道歉,最终动起手来,姚亮冲动地把王刚打伤。看着受伤的王刚,姚亮后悔不已,吓得不知道该怎么办才好。老师还把他的父母请到学校来了,姚亮的爸爸妈妈很通情达理,并没有指责儿子,看着委屈的儿子,他们反倒安慰起来。

"爸妈,我该怎么办呢?帮帮我吧!"

妈妈问姚亮:"孩子,你真的知道自己错了吗?以后再发生这样的事情你知道该怎么做吗?"姚亮忙不迭地点头。

"那你跟妈妈说说你该怎么做?"妈妈问姚亮。

"要注意礼貌,撞到别人,要说'对不起',而不是'出口成脏'。"姚亮对妈妈说,妈妈听完,高兴地点点头。

姚亮和王刚之间引起矛盾并且最终大打出手,主要就是因为几句脏话,可见,是否能文明礼貌直接影响到孩子的人际关系。

那么,我们如何培养孩子的文明礼貌呢?

1.培养孩子从小就知道文明礼貌

文明礼貌是中华民族的优秀传统,是人们在日常人际交往中应当共同遵守的道德准则。在人与人的互相交往中,和悦的语气、亲切的称呼、诚挚的态度等等,这会显得更加友好、尊重别人,俗话说:"良言一句三冬暖,恶语伤人六月寒。"因此,文明的谈吐和行为是孩子具有良好修养的表现,讲文明礼貌能促进人和人之间的团结友爱,是沟通人与人之间情感的道德桥梁。

2.教会孩子一些初步的礼仪知识

家长应该从小教导孩子学习一些礼仪知识,这也是文明行为,包括见面或分手时打招呼、握手,与人交谈时眼神、体态和表情要体现出对对方的尊重,久而久之,孩子就会认识到如何待人接物了。

3.当场纠正孩子蛮横、目中无人的错误行为

和孩子之间达成协议。即使他的不良行为依然没有改正的迹象,也要把和他之间达成的协议坚持完成。家长必须保持协议的一致连贯性,而且要做到言出必行,这样孩子就会明白家长是认真的。一旦孩子出现不恰当的行为,家长就应该马上加以纠正。

4.一次解决一种没有修养、没有礼貌的行为

孩子目中无人往往表现在很多方面,假如孩子一直重复出现某种不良行为,那么您就要集中注意力了。的确,也许家长的孩子有一大堆的行为问题需要解决,但是要改善孩子行为最有效的方式就是一次只解决孩子的一种不良行为,这样家长将更有可能去永久制止孩子的不良行为再度出现。一个个解决以后,一个行为优雅的孩子才更显教养。

5.冷静地与你的孩子沟通

如果孩子破坏了定下的规矩或者是表现出某种不良行为的

话，家长就应该考虑严格要求孩子了。每次在孩子说话前请做一个深呼吸，尽量让自己保持冷静。如果需要暂停一下，过一会儿再说，那么不妨一试。然后请看着孩子的眼睛说出要求，要确保已经引起了孩子的注意。请记住，家长的目的是要在对孩子的疼爱中规范孩子的行为，而不是在愤怒中斥责孩子。

6.建议孩子进行积极的选择

具体来说，家长希望孩子形成哪些新的行为呢？请给孩子提供一两个可以进行正面选择的机会。如"请你温和有礼地和我说话。""下次你该怎么做才能保证不会再以这样的语气和邻居阿姨说话呢？"

7.让孩子知道不良行为的后果

如果孩子继续违反规则或者他依然没有改正自己的不良行为，那么家长需要向孩子解释他这样做的后果。例如，"如果你不能温和有礼地跟我说话，你就不能用电话。""如果你再对你姐姐大喊大叫，你就要去坐禁闭。"请记住，家长的解释务必做到具体、简短而又严格。如果孩子再次出现不良行为，家长也可以考虑征询一下孩子的意见看看怎样的处理结果才算公平。

总之，培养孩子尊重他人的这一意识，需要父母从日常生活中的细节入手，不要让孩子出言不逊、恶语伤人，失礼不道歉，无理凶三分，更不能骑车撞倒人后扬长而去，乘车争先恐后，在公共汽车上见老人或抱小孩的妇女不让座……如此等等，防微杜渐，是培养孩子良好素质的最佳方法。

蛮横无理、不愿认错——教导孩子学会真诚的道歉

责任心是孩子健全人格的基础，是能力发展的催化剂。责任心培养应遵循这样一个规律：从自己到他人，从家庭到学校，从小事到大事，从具体到抽象。遵循这样一个过程，我们发现，家庭在培养孩子的责任心方面发挥着无法替代的作用，其次，责任心的培养有一个起点，那就是先要为自己的行为承担责任。修身、齐家、治国、平天下，修身是一切成功的基础，连自己都管理不好的人，无法承担更大的责任。因此，作为父母，如果要教育孩子学会承担责任，首先就要让他们学会为自己的行为负责，当孩子做错的时候，家长一定要让孩子学会道歉。

美国著名心理学盖瑞·查普曼博士在谈到教育问题时说："孩子在小时候就能学会道歉的语言，随着年龄的增长，他们对道歉的重要性会有更深的领悟和理解，为今后的道德和人际关系发展奠定基础。"我们每个人都处于一定的关系中，难免会产生一些摩擦，也难免会无心伤害到他人或者被人伤害，做错了事就要说声"对不起"，这是一种很正常的社会行为，能体现一个人的综合素质，也是人际交流中必不可少的行为标准，尽管大多数伤害是无意的，但学会道歉和学会接受道歉，可以实现原谅和恢复关系，因此每个孩子都要学会这一点。

不过，在引导孩子学习道歉前，我们父母首先要反思自

己，当你做错事时，是否也向孩子道歉了呢？想必很多父母的答案是否定的。父母认为自己一般能做对，即使做错事了也不需要道歉，他们觉得自己处在一种比较高的地位。其实，这样做的直接后果是，给孩子树立了一个不负责任的负面形象。

孩子最早的学习是从模仿开始的。他们从很小的时候开始，就会将看到、听到、感觉到的东西"融化"在正在发育的大脑里，并在以后的生活中不知不觉地加以模仿，不仅限于行为举止，而且包括思维方式、情感取向，以及个人性格等。一个在生活中处处表现得不负责任的父母，即使想教育孩子做事要有责任心，孩子也会很不服气，很不以为然。

在现在的家庭教育中，家长如果从不向孩子承认自己的缺点、过失，孩子就会产生"父母永远正确而实际上总是出错"的观念。久而久之，对父母正确的教诲，孩子也会置之脑后。如果对孩子做错事后，父母能郑重向孩子认错、道歉，孩子就会懂得承认错误并不是一件可耻的事，就会提高明辨是非的能力，尝到原谅别人的滋味。

可见，家长做错了事，肯不肯向孩子道歉，不仅影响着两代人的情感，也关系着孩子的进步与成长，实在是家长应该学会使用的一种教育手段。

当然，在排除了父母自身的因素外，如果孩子已经依赖成性、不愿对自己的行为负责，那么父母需要采取更强硬的做法。"逼才是爱"，父母要勇于要求孩子承担自己的责任。通常，我们都需要经历一个漫长的过程才能让孩子明白，当他的行为让别人受到身体的或者情感上的伤害时，他应该表示道歉。而一旦孩子能够发自肺腑地说出"对不起"，那么他不仅仅是掌握了一项社会技能，更重要的是，他同时学到了怎样去补救自己的过失，怎样对自己的行为负责，怎样照顾他人的情感。那么，家长该怎样学会这门教育真经，让孩子在伤害对方的时候，为自己的行为负责，向对方道歉呢？

1.让孩子学会认错，这是让孩子学会道歉的第一步

孩子没有学会道歉，可能是因为不懂得是非概念，不知道生活中什么是对的，什么是错的，为什么是错的，更不知道自己应该怎样改正错误。因此，父母切不可对孩子动辄责备，应耐心地告诉孩子为什么错了，错在哪里。认错需要一定的勇气。孩子不敢认错，可能是害怕承担后果，父母应给孩子一种安全感，告诉孩子每个人都有犯错误的时候，只要改了就是好孩子，避免孩子产生畏惧感。

2.当孩子做错事时，父母应及时地给予教育并纠正

让孩子知道错误不是不可挽救的，只要改好了，就可以得到原谅。父母千万不要在孩子做错事后，一味地批评、指责孩子，这样易导致孩子产生逆反心理，以后犯错时就会总想找借口推托。对懂得道歉但又频繁犯错的孩子，父母不仅要注意孩子的言语道歉，更要关注孩子改正错误的行为。因此，如何处理孩子所犯错误，比孩子犯的错误更值得父母思考。

3.可教会孩子一些真诚的向别人道歉的艺术

（1）教会孩子用一些小礼物表达自己的歉意，这就是"尽在不言中"的妙处。孩子之间的矛盾不是什么"深仇大恨"，只要有一方主动示好就能化解。

（2）让孩子切记道歉并非耻辱，而是真挚和诚恳的表现。

（3）除非道歉时真有悔意，否则对方不会释然于怀，道歉一定要至诚。

（4）告诉孩子道歉要堂堂正正，不必卑躬屈膝。你想把错误纠正，这是值得尊敬的事。

（5）让孩子明白，应该道歉的时候，就马上道歉，越耽搁就越难启齿，有时会追悔莫及。要抓住时机不要放过机会。

总之，让孩子对自己的行为负责，不能让孩子成为一个敢做不敢当的懦夫，责任感的缺失会导致人格的缺失。而为自己的行为负责，这是孩子责任心培养的重要方面，是孩子担当家庭责任、社会责任的前提！

第08章
掌握亲子关系升温和沟通的秘诀，父母不要做的事

我们都知道，每个父母都"望子成龙""望女成凤"，都紧张孩子的成长，但对于孩子的培养，不仅是学习成绩上的，更是心态、品质上的，在孩子成长的过程中，难免会遇到一些问题，此时，就需要为人父母的我们对其进行引导，对此，我们一定要掌握技巧，千万不能孩子一出了些什么问题，就乱了方寸。我们只有放下架子，并找到和孩子沟通的方式，同时多倾听孩子的心声，和孩子一起面对，孩子才会愿意接受我们的指导，才能健康成长。

一味地唠叨——孩子只会更加疏远你

作为父母，我们都知道，成长中的任何一个孩子都需要父母的呵护，一个不小心，孩子就可能学习成绩下滑、早恋或者结交一些不良朋友等，因此，大多数时候，我们都会对孩子的一举一动相当敏感，总是担心他们这个弄不好，那个做不好。因此，我们经常会向孩子唠叨，尤其是妈妈，但其实你越是唠叨，孩子越是不想跟你说话。

兜兜是某小学三年级的学生，也是一个三口之家的独生子，他就是家里的"小皇帝"，爸爸妈妈生怕他遇到什么不开心或者委屈的事。可以说，除了工作外，他们把所有的精力都投入到兜兜的身上，而兜兜也一直感觉自己很幸福。

可是自从兜兜上了小学后，兜兜的爸妈发现，儿子好像变了很多，好像心里总是有很多秘密似的，而儿子也不主动与自己沟通，这让他们很担忧，为了改善亲子关系，在兜兜生日那天，他们特地带着兜兜去了他最喜欢的自助餐厅。

来到餐厅后，妈妈取了很多兜兜最爱吃的食物，然后和爸爸一起对兜兜："生日快乐！"他们本以为兜兜会开心地一笑，没想到兜兜很冷淡地说了一句："谢谢！"这让他们很意外。

"为什么，你不开心吗？记得你以前最喜欢我们给你过生日了！"妈妈疑惑地问。

"没什么，吃吧！"兜兜依旧低着头，轻声说。

"兜兜，你要是遇到什么学习上的问题，一定要跟妈妈说。"妈妈继续说。

"真的没什么。"兜兜已经有点不耐烦了。

"可是你今天真的很不对劲啊，你要是不跟我说的话，明天我去学校问老师。"

"你怎么总喜欢这样啊，烦不烦？"兜兜的分贝提高了很多。

这时，爸爸打破了母子之间的尴尬，笑呵呵地说："我们儿子长大了啊！儿子说说，今天在学校都发生了什么新鲜事儿啊？"

兜兜抬起头，淡淡地说："没什么事儿，每天都一样上课、下课。"爸爸不知如何接口，饭桌上一片沉默。

我们发现，这段亲子间的对话，毫无效果，其实原因是多方面的，作为母亲，兜兜的妈妈在沟通技巧上还有待学习与提高：干巴巴的道理唠唠叨叨个没完没了，讲话的语气也咄咄逼人，这些都会让孩子觉得你很烦，自然不愿与你继续交流。

其实，作为父母应该相信孩子，给孩子独立的空间。有的时候孩子的一些行为，父母不认同。其实只要不是原则上的错误，不如让孩子自己去碰碰钉子。

另外，我们忽视的一点是，我们的孩子也是人，也希望得到他人的承认和尊重，他们也希望获得像"大人"一样的权利，因此，孩子讨厌的就是父母的唠叨。他们会觉得父母很啰嗦！

父母本来应是孩子最愿意倾诉衷肠的对象，但不少父母往往把关心当成了唠叨，甚至招来孩子的厌烦。虽然儿童也渴望倾诉、渴望理解，但他们更需要父母施以正确的沟通方式，那么，家长在这种情况下应该怎么做呢？

1.少说话，善于察言观色

日常生活中，我们对孩子的关心不一定全部要通过语言，我们不妨学会察言观色，从一些小细节上发现孩子细微的变化。

另外，即使与孩子交流，我们也要对孩子的反应敏感些。孩子对谈话内容感兴趣时，可将话题引向深入，一旦发现孩子有厌烦情绪，就应立即停止，或转移话题，以免前功尽弃。另外，即使找到交流的话题，也应力求谈话简短有趣、目的明确，切忌啰嗦，以免造成切入点选择准确，但交流效果不佳的情况。

2.用"小纸条"代替你的唠叨

沟通不一定是"用嘴说"，用小纸条也是不错的方法。

小杰是个单亲家庭的孩子，他的母亲在他三岁的时候就离开了。他的父亲就身兼数职，独自抚养小杰，但父亲因为经常出差，出门前总会在冰箱上留一个便条："里面有一瓶牛奶，三个西红柿，请不要忘记吃水果。"在写字台上留张条："请注意坐姿，别忘了做眼保健操"等。

多年以后，小杰考上了大学，父亲为他整理东西时，竟然发现他把这些纸条全揭下来并完整地夹在书本中。父亲的眼睛一下子湿润了——原来孩子的情感之门始终是向自己敞开的，对自己的关爱也始终珍藏在心底。

3.关心孩子不一定非得询问学习状况

《钱江晚报》曾经发表过一个有关调查，结论是："在与孩子沟通的问题上，家长指导孩子学习的占70%，这就是问题的症结所在。"孩子的成才应该是全方位的，只抓孩子的学习，对孩子全面发展是极易产生负面的"蝴蝶效应"。这些，是对任何年龄阶段的孩子实施家庭教育过程中都应该避免的。

为此，作为父母，我们若想和孩子沟通，就需要多关注孩子除了学习外的其他方面，如果你的儿子是个球迷，那么，你可以默默帮孩子搜集一些信息，孩子自然愿意与你一起讨论球技、赛事等；如果你的孩子爱唱歌，你可以在节假日为孩子买一张演唱会门票，相信你的孩子一定倍受感动，因为他的父母很贴心、明事理。

这种类型的交流是"润物细无声"式的，它没有居高临下的威迫感，极具亲和力，孩子也容易打开心扉，接受与父母的交流。

当然，让孩子打开心扉，与孩子交流的方式、方法远不止这些。但总的原则是：一定要让孩子觉得父母是在真正地关心他，并且是从心底里关心的那种。

非打即骂——棍棒式教育并不会教出优秀的孩子

我们不能否认，每一个孩子都是伴随着问题成长的。面对孩子的一些错误的行为，很多家长一直沿袭传统的教育方式——打压式，非打即骂，认为"棍棒下出人才"，企图将孩子的错误行为和观念遏制住，进而让孩子听话。然而，实际上，这种方式多半是无效并且是适得其反的。因为如果我们总是板着面孔训斥，或者声泪俱下唠叨，久而久之，孩子也不吃你这一套了，我们的教育如果只是让他感到恐惧和心烦，那么他除了逃避，还能怎样呢？许多孩子身上的毛病，如撒谎、顶嘴、冷漠、暴力等，说不定就是对我们粗暴简单的教育方式的逃避和反抗。

有时候，我们教育孩子的过程中粗鲁，情绪激动，忍不住劈头盖脸，滔滔不绝，结果他也愤怒，越说越僵，双方都气急败坏，最后不仅教育的目的没有达到，反而还破坏了做事的心情，很多的时间都耽误了。更可怕的是，下次再有类似的事情，孩子根本不愿意与你沟通了，家长和孩子之间的障碍就是这样形成的。

有位妈妈就遇到了这样的困惑：

圆圆是个很可爱的三年级女孩，性格活泼，爱吃零食，对东西很不爱惜。新买的衣服，穿几天就不喜欢了，扔到一边不予理睬，对家人也漠不关心。为此，妈妈很是伤脑筋，正在她准备让女儿尝尝家法的时候，丈夫出来阻挠，他告诉妻子，打是没有用的，不妨对女儿进行一次"忆苦思甜"教育。妈妈觉得有理，就花了400元，买了两张票，陪女儿去看芭蕾舞剧《白毛女》。

看完回家后，她问女儿有什么感想，女儿想都没想就说："喜儿去当白毛女，我看是让她爸逼的。借债还钱本来就是天经地义的事，杨白劳借了黄世仁的钱，为什么不早点儿还给人家，逼得女儿躲进山里？喜儿也够傻的了，黄世仁那么有钱，嫁给他算了，干吗要到深山老林去当白毛女？"

女儿的回答让妈妈目瞪口呆。

"我女儿好像是从另一个星球来的，怎么什么也不懂，真拿她没办法！"

这位妈妈困惑了。自己小时候看《白毛女》电影时，为喜儿流了那么多眼泪，恨死了黄世仁，可今天同样的故事，孩子怎么看不懂了呢？

那么到底该怎么办呢？孩子是打也打不成，骂也骂不得，文化教育也是无效的。此时，丈夫对她说："孩子不懂历史，又没有体验，她不知道今天的好日子是怎么来的，当然会产生这么幼稚的想法。"

于是，这天晚上，妈妈和丈夫都放下手头的事，协同爷爷奶奶一起，谈起了那个艰苦年代的生活，刚开始，圆圆有点不耐烦，但听到后来，圆圆越听越有兴致，听完后，她说："我终于知道妈妈为什么带我去看舞剧了,也明白奶奶为什么那么节约了,我以后也绝不乱花钱了。"

听到女儿这么说,夫妻俩相视一笑。

这里,我们发现,这对夫妻的教育方法是正确的,当孩子有大手大脚、浪费的生活习惯时,他们并没有选择与孩子斗气的方法,对孩子进行打骂教育,而是寻找更为积极的方法,在前一种方法行不通的情况下,他们便让孩子了解历史,了解父母所经历的风雨,继而让孩子了解到父母的良苦用心。

的确,可能很多父母认为孩子不懂事,不理解父母甚至不听话,但你真的了解孩子吗?他们与我们有着不同的成长环境,又怎么能要求孩子与我们有同样的行为习惯呢?而要改正孩子的行为和观念,强行压制是没有用的,正确的方式是根据孩子具体情况进行巧妙引导。

所以,首先,家长应该有这样的意识,孩子是孩子,我们自己是自己,这是两码事。虽然孩子的思维和心理发展还不成熟,但是他拥有和成年人一样的人格尊严。尊重不代表同意、支持,更不是全盘接受。尊重不等于放任与放纵,更不是放弃,尊重是允许对方以不同于自己的方式存在。

那么,具体来说,我们该如何改变棍棒式的教育孩子的方式呢?

方法一:凡事只说一次。

生活中,一些孩子说:"每次,我都想跟爸妈谈谈心,可是他们太啰嗦了，只要我做错点什么，他们就不断地数落我，其实，我已经知道错了，但他们的口吻真让我受不了。"很多父母没有意识到的是，你的孩子已经是个大孩子了，他们已经有了独立的自我意识，也学会了如何审视自己的行为，凡事只说一次就好，这也是尊重孩子的表现，只有让孩子体会到家长对自己的尊重，他才能更加信任家长，达到和家长以心换心、以长为友的程度。

方法二：来软的，避免正面冲突。

随着孩子逐渐长大，他们的自尊心也越来越强，教育他们，一定要讲方法，如果孩子一旦犯错，就采取谩骂、呵斥的方式，那么，不但不能让孩子接受并改正错误，还会给家庭生活带来很多困扰。

可能你的孩子做的不对，但作为家长，不要急于批评他，应该在倾听之后，对他表达你的理解，在孩子接纳你、信任你之后，你再以柔和坚定的态度和孩子商讨解决之道，从而促使他反省自己，帮助他从错误中学习成长。

方法三：把焦点放在"解决"上。

作为大人，很多时候，会认为孩子的想法是不对的，甚至是不符合常规的，抱着这样的心态，我们很容易以先入为主的心态教育孩子。实际上，我们必须要明白一点，出现了问题，最重要的是解决而不是批评孩子，我们应该做的是，等孩子把话说完，再提出解决的办法，这才会让孩子感受到尊重。

忽视肢体语言的表达——会用自己的行动表达对孩子的爱

很多人认为语言的交流方式给人提供了大部分的信息，事实上，语言学家艾伯特·梅瑞宾的研究表明，人与人之间的沟通，只有7%是通过语言沟通来实现的，而高达93%的传递方式是非语言的。而在非语言沟通中，也只有38%是通过音调的高低进行的，有55%是通过面部表情、形体姿态和手势等肢体语言进行的。

的确，作为父母，你是否发现，当孩子还小的时候，我们会特别留意他，会留意孩子的声调、面部表情、动作、姿势等，会用自己的行动表达对孩子的爱。可当孩子逐渐长大、不再是儿童后，做父母的，反倒把这种表达爱的方式搁浅了，而这种细微的变化，很多父母都没有注意到，而孩子也离我们越来越远，甚至产生叛逆的情绪。很多家长抱怨说："都说孩子越长大越容易'较劲'，但我发现我家孩子对别人都是好好的，但一回到家里就专门跟我们对着干，就好像他的'较劲'对象主要就是我们一样。"事实上，没有教不好的孩子，只有不好的教育方法。只要方法妥当，任何孩子都是优秀的；只要用心，总能找到合适的教育方法，而孩子最需要的就是家长的爱和关心。

一天，妈妈正在厨房做饭，5岁的女儿从外面回来，脸上挂着泪珠，妈妈看到后，赶紧放下手中的活儿，擦了擦手，过去抱了抱女儿，说："宝贝，怎么了，是不是受了什么委屈？妈妈知道你很难过，放心，有妈妈在。"

得到妈妈的拥抱，女儿一下子哭了，然后说："妈妈，刚才我在楼下玩，小虎推了我，摔疼了。"

妈妈没有多说什么，而是紧紧抱着女儿，过了会儿，女儿说："妈妈，我饿了。"

这里，我们可以看出非语言信息在沟通过程中是多么重要。然而，一份社会调查却显示，在亲子之间的沟通中，非语言沟通常常被忽视。当然，这一现状的造成也与孩子有很大的关系。

语言是我们沟通的常用工具，但人类除了语言，还有其他的交流工具，那就是身体语言。一颦一笑，甚至一个眼神，都体现了某种情感，某个想法，某个态度。

不得不说，不少父母一直采用错误的非语言沟通方式与孩子交流，如经常向孩子发脾气、拍桌子、摔东西等，这些都会被孩子理解成你极度嫌弃他的信号。这些非语言行为都是拒绝沟通的信息，因此它更会阻碍亲子之间的沟通，破坏亲子关系。那么，父母该怎样与孩子进行身体语言沟通呢？

1.尝试接收孩子的非语言信号

当孩子小的时候，我们会留意他的一举一动，生怕孩子有什么不"对"的举动，当孩子不吃、不睡、不玩或精神不如平时集中时，父母都会去推测，或者去直接感觉孩子的情绪状态反映了些什么，表达出了对孩子的关心和爱护。

可是，当孩子长大后，父母除了关心孩子的学习成绩后，似乎不愿意再去体察孩子的内心世界了。其实，越是长大的孩子，越是不喜欢用语言表达自己的思想感情，有的时候，出于自尊心或是别的一些原因，他并不愿意或认为没有必要用语言说出他们的思想感情，但他们又很想让父母明白他们的意图，这时，他们就会改用另一种表达方式对父母进行暗示。因此，生活中，父母一定要注意孩子的无言的行为，来识别或弄清孩子的动机或基本情绪。其实，凭借着细致与耐心，做到这些都不是困难的。

2. 多用眼神鼓励孩子

身体接触往往比语言能更好地表情达意。有时候，哪怕你一个鼓励的眼神和微笑，都会让你的孩子充满无穷的动力。因此，聪明的父母总是会在某些时刻给孩子一个肯定、坚毅的眼神，让孩子更自信。

3. 用握手向孩子表达友好

有研究人员曾通过实验研究了握手行为，结果证明：身体的接触行为能增强人与人之间的亲近感，即使是初次见面的人，也有同样的效果。为了强化这种效果，有人会伸出双手与人握手，这样的人大多非常热情。

想必大多数父母也明白握手是一种表达友好的方式，是平等沟通的一个表现。而孩子都希望与父母平等地对话，因此，日常生活中，如果我们能把这一非语言沟通形式放到对孩子的培养中，相信是能起到一定的积极作用的。

总之，在生活中，尝试着用非语言的方式与孩子沟通吧，但你还需要注意以下三点：

第一，尝试以身体接触代替言语交流；

第二，有些孩子不喜欢太多的拥抱，别强求，尝试寻找其他与之亲近、感受亲密、向他示爱的方式；

第三，当身体接触的习惯已经消失，在睡觉前或看电视，甚至只是紧挨你的孩子坐着时，轻轻抚摸他的前额、脑袋或手，可以使身体接触的习惯重新回到你们家中。

4.给孩子一个拥抱，给他力量

生活中，很简单的一个例子。比如，如果你的孩子取得了一个好成绩，做父母的，需要赞扬、鼓励他，这时，如果家长单纯地用语言与他沟通，告诉孩子："儿子你真棒，妈妈因为你而骄傲！"他也会很高兴，但是这种高兴劲也许没过多久就被他忘记；如果父母运用非语言与他沟通，微笑地走向孩子面前，给他一个拥抱，然后再告诉他："儿子，妈妈为你而骄傲。"这样，他将永远也不会忘记妈妈对他的赏识和鼓励。

冷暴力——父母要和孩子建立良好的沟通渠道

随着社会的进步，人们的生活水平不断提高，但人与人之间的交流却少了，在我们心灵的港湾——家中同样也是如此，冷暴力的现象越来越多的出现在家庭中。那么，什么是冷暴力呢？

所谓冷暴力，是暴力的一种，它的表现形式为冷淡、轻视、放任、疏远和漠不关心。冷暴力固然不会对人的身体造成伤害，但却是精神上和心理上的侵犯和折磨，一些父母为了逼迫孩子按照自己的想法来，便利用冷暴力对孩子冷眼相向，不理不睬。孩子犯错时，父母从来不会给孩子温和的言语和笑脸，在父母的影响下，这些孩子也用这样的方式处理人际关系，处理生活中的各种问题，所以，人们会渐渐疏远他，他自身也孤立起来。

俗话说："天下无不是之父母。"父母做的每个决定都是为了孩子好，他们无意去伤害他们的孩子，但是有的时候有些决定的后果却不是父母都能预料得到的。有时候面对冷暴力，孩子未必能理解父母的良苦用心。他们只会被这种暴力伤害得更深，从而影响亲子之间的交流。

其实，家长想要更好地教育孩子就要及时跟孩子沟通，及时了解他们心中所想。在自己的心中摒弃冷暴力。只有父母和孩子建立了良好的沟通渠道，父母才能更好得引导孩子。而且父母在向孩子提出更高的要求的时候一定要讲究方法，要比以往更有耐心。不要对孩子使用冷暴力，否则孩子不仅不能达到父母更高的要求，还有可能对自己进行自我封闭。所以家长教育孩子的时候使用冷暴力，就会得不偿失。

家长在教育孩子的时候使用冷暴力，会让孩子走向心灵南北极。不仅不会达到教育孩子的效果,反而会让孩子觉得与父母没有共同语言,从而影响亲子之间的关系。

父母们,你们了解孩子的无奈和痛苦吗?

1.冷暴力会影响孩子的性格发展

冷暴力让我们的孩子变得冷漠、孤僻,在学校,他们不愿意与人交流、玩耍,不愿意与人合作,表现得自卑,严重的可能产生自闭症。

如果孩子所处的家庭冷暴力很严重,那么,久而久之,孩子内心就会变得越来越冷漠,心理防线很强,不愿意与人分享自己的事情,对待别人的事情也漠不关心,这就是孤僻,孤僻的孩子是无法融入集体的,未来也是无法融入社会之中的,这样的人不可能有很好的发展。

2.冷暴力会扭曲孩子的心灵

如果孩子长期处于冷暴力的生活环境中,久而久之,你会发现,无论你的孩子是男孩还是女孩,都会变得敏感、不轻易信任他人,外表冷漠,内心自卑又缺乏安全感,生活自闭,这对于孩子的成长是极其危险的。

3.冷暴力会影响孩子未来的婚姻家庭生活

如果孩子从小就生活在一个冷暴力的家里面,那么,随着他们年纪的增长,他们最终也会组建家庭,他们就会把自己的一些负面情绪带到以后的感情生活和婚姻里面去,尤其是在自己遇到争吵的时候,他也会采用冷暴力的方式去解决问题,这就是恶性循环,他们的孩子也会受到影响。

总之,父母教育孩子的方法一定要得宜,如果父母总是对孩子使用冷暴力,那么孩子就不愿意把自己内心的想法告知父母。这样做不仅影响孩子和父母之间的关系,还会让孩子患上抑郁之类的精神疾病,这一定是广大的家长们不想看见的。

让孩子独自面对成长中的问题——始终和孩子站在一起,与孩子一起成长

作为过来人的父母,我们都知道,孩子的成长既是快乐的,也是痛苦的,并且总是伴随着这样那样的问题,这些问题,既是孩子的问题,其实也是我们父母的问题,因为父母是孩子成长的楷模,而为人父母的过程也是一段成长和修行,因此,真正有心的父母会始终和孩子站在一起,帮助他们共同面对成长中的问题。

从另一方面讲,孩子遇到问题,需要我们对孩子脆弱的心灵进行呵护,而不难发现,一些父母,在他们的词典里,错误永远属于孩子。因为他们认为自己就是标准,就是法典,他们可以随意评价孩子、批评孩子,甚至辱骂孩子。其实,犯错误的往往是成人,是孩子的父母。孩子有口难辩,有怨难申。

在日本,有本著名的书——《孩子没问题,大人有问

题》，在这本书中，阐述了很多现代社会家长在教育中的问题，这本书的作者认为我们大人仍然面临着成长的艰巨任务，孩子在成长，我们也要成长，与孩子一起成长，是我们父母的重要使命。

作为父母，我们要知道，我们的孩子虽然还小，但早晚要进入社会，拥有复杂的人际关系，也免不了一生中遭遇情场失意，事业困境，生意败北……总有一天，我们要先我们的孩子而去，如果孩子没有过硬的心理素质和健康的心理状态，如何在这样激烈的竞争中取胜呢？

所以，作为父母，要时刻观察孩子的行为动态和心理变化，关注他们的身心健康，要关注孩子，让孩子感受到来自父母的爱，一旦发现他们出现了心理问题的苗头，就要及时做好指路人，帮孩子疏导心理问题，以防问题积压，酿成大错。

作为家长，要这样做：

1.随时观察孩子的情绪和心理变化

我们父母，在生活中，不要只关心孩子的学习成绩、名次，也要关心他们的情绪变化，比如孩子在学校有没有受到什么委屈，学习上是不是有挫败感，最近跟哪些人打交道等，当然，了解这些问题，我们要通过正面与孩子沟通的方法，不要命令孩子告知，也不可窥探，只有让孩子真正感受到来自父母的关心，孩子才愿意向你倾诉想法。

事实上，我们的孩子的都是脆弱的、敏感的、容易受伤的，当孩子出现不良情绪时，你要让孩子尽情宣泄，就让他去哭个涕泪滂沱，而不是劝孩子"别哭别哭""男孩子不能哭"这样的话。告诉孩子："我知道你很难过。"或者什么都别说也好，给孩子独处的空间和时间去消化自己的情绪，帮孩子轻轻带上门就好。

2.尊重孩子的智力和能力，要有耐心

在和孩子相处的过程中，对于孩子遇到的问题，你不必马上给出答案，而应该和孩子一起钻研，与孩子共同解决问题。当发现孩子思考问题上的不足时，不必急于指正，这时我们可以坦率地承认自己也犯过类似错误，然后巧妙地指出孩子的错误，这对培养孩子的自信心有极大的帮助。

3.做孩子最后的庇护者

当你的孩子正处于困难时期，当他再也无法忍受、筋疲力尽无法继续伪装坚强之时，他需要一个藏身之所，需要某个地方，某个人，成为他最后的庇护所。在这里，他展示真实的自我；在这里——至少在很短的一段时间，没有人要他负责任，被无条件地接受；在这里，他可以真正放松下来，因为他知道，有人愿意暂时分担他一时的负担，让他得到解脱，是他坚强的后盾。

显而易见，父母应该是孩子最后的庇护所，父母应该成为孩子最后的庇护者，因为父母对孩子非常重要，虽然在某些时候或情况下，家长可能觉得自己缺乏足够的情感储备，不能为孩子们提供其所需要的慰藉。这个时候，你不用对你的孩子说些什么或者做些什么，而应该好好考虑一下，除了你与他保持亲近外，他是否还需要你为他做些什么。要让他恢复对自己的信心，其实并不需要付出太多的努力。

（1）当你的孩子在表达希望得到你的原谅时，此时要给孩子一个台阶，并接纳他，让他忘记那些难过、痛苦和悲伤的事。

（2）为孩子提供心灵的港湾、庇护我们的孩子，并不意味着我们永远对孩子犯的错或成长中出现的问题视而不见、听之任之。

（3）多考虑孩子的感受，并学会预见孩子的感受，在孩子需要的时候，给他情绪上的支持。

（4）闲暇时光，在没有压力时，找个机会开诚布公地告诉他，在他需要的时候，家永远是他最后的庇护所。

总之，作为父母要明白，家庭教育对孩子极为重要，我们无论再忙，也要关注孩子的成长，也要重视与孩子沟通，对于孩子成长中遇到的问题，要与孩子一起面对，让他们知道，父母始终是他们最坚实的后盾。

认为阅读影响学习——跟孩子一起"阅读"，拉近亲子关系

有人说："人的灵魂不能浅薄，庸俗，无聊，它永远在追求最高尚的东西。使之高尚的重要渠道就是读书。"培根说：

"书籍是在时代的波涛中航行的思想之船,它小心翼翼地把珍贵的货物运送给一代又一代。"歌德说:"读一本好书,就是和许多高尚的人谈话。"书籍是人类进步的阶梯,是智慧的源泉,更能净化人的心灵,我们不仅要让孩子每天坚持阅读,还要多带领孩子阅读,把孩子需要懂的道理和规则用故事的方法去教给孩子,他更容易接受。另外,我们要多和孩子一起阅读,这不仅能培养孩子好的阅读习惯,更能与孩子一起享受亲密的亲子时光,拉近亲子关系。

但实际上出于很多原因,孩子在很小的时候对书籍的好奇以及兴趣经常被以父母为中心的家庭教育扼杀了,尤其当孩子开始有了一定的升学压力后,有些家长认为"孩子应该把精力放在学习上了,阅读太多影响学习",而他们忽略了一点,爱阅读的孩子,学习成绩不会差,阅读是增长知识、开阔眼界的重要方式,同时,阅读能提升孩子的气质,当孩子与人交谈时,能娓娓道来、引经据典,他便能获得别人的赞赏,毕竟,一个博学多才的人往往在气质上更胜一筹。

"努力培养女儿爱上阅读是我一直在追求的目标。小家伙四岁半时开始,我就坚持每周末带她去书城读书,那时候她还不认识字,每次都是我不厌其烦地给她朗读,之所以选择去书城,是想让她感受读书的气氛。晚上睡觉前总要给她讲20分钟左右的故事,女儿很喜欢听,经常被逗得哈哈大笑。学前班的时候,女儿学了3千字《四字童铭》,这真是件大好事,从这以后她就能独立阅读图书了。每晚的讲故事一直没断。现在,女儿在同龄女孩中显得更睿智一些。"

这里,这位妈妈的教育方法是明智的,的确,和孩子一起阅读,父母往往会把自己的读书兴趣和习惯传递给孩子,孩子会在潜移默化中受到影响。美好的亲子阅读时光和互动,不仅能让孩子自由地发问、思考,而且能增进亲子感情。父母对书中内容的引导,会给孩子留下深刻的印象。

那么,关于亲子阅读,我们具体应该如何去做呢?

1.多为孩子讲解

当孩子要求家长讲解时,家长应该兴致勃勃地和他们一起看,并根据图画内容和孩子交谈,使词句和图像联系起来,训练孩子的语言理解能力。最后在成人讲述之后,要求孩子复述一遍,在复述故事时,孩子有可能记不真切,家长可适当提醒,鼓励其用自己的语言把故事讲完,从而进一步提高幼儿阅读的信心和兴趣。

2.给予自由,适时协助

在这一阶段家长要做的是鼓励孩子自由阅读、自由探索,当孩子获得尊重和信赖后,他就会在环境中自由探索、尝试。就算幼儿在阅读时遇到困难,家长可帮助幼儿解决困难,但千万不要代替孩子读书。

3.和孩子进行亲子阅读时,不要忽视身体语言的作用

模仿是孩子学习的主要方式之一,父母可以将书中的内容

用丰富的肢体语言表演给孩子看,孩子在模仿的过程中就会更好地理解书中的内容,并能激发他的想象力。睡前是最佳阅读时机,幼儿的浅睡眠时期最容易进行无意识的记忆,因此睡前的阅读时间一定要把握。

4.激发孩子阅读的兴趣

为了增强和激发孩子阅读的兴趣,建议家长们将书本上的知识与生活认知结合起来。在和孩子一起读过海洋动物书后,就可以带他去海洋馆看看海豚、海豹到底是什么样子;看过植物书后,则可和孩子一起去野外认识各种可爱的植物。这样就可以使阅读变得很有趣,孩子的读书兴趣就会逐渐建立起来。

其实,我们的孩子在智商上并没有太大的差别,但有些孩子能鹤立鸡群,受人赞赏,原因就是读书所致,爱阅读的孩子往往更加自信、健康。因此,从孩子阅读敏感期开始,我们就要多带领孩子一起阅读,和孩子徜徉在书海中,共享快乐的亲子时光。

第09章
与孩子一起成为更好的自己，父母不要做的事

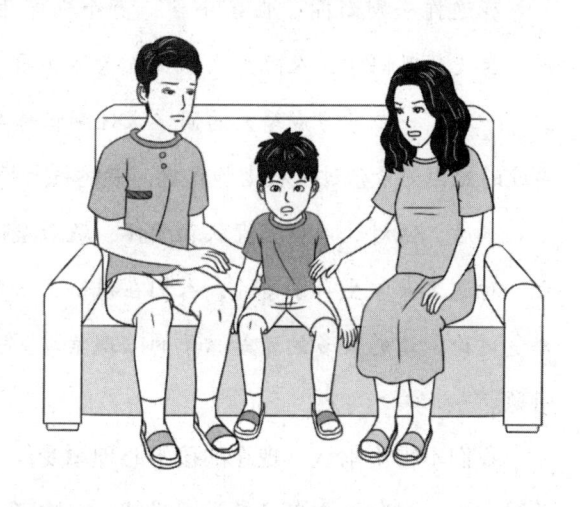

我们都知道，任何一个孩子的成长都与家庭有着至关重要的联系，家庭是孩子人生的第一所学校，家长是孩子最重要的启蒙老师，父母的言行无时无刻不在影响着孩子。因此，如果我们希望培养出出色、健康、积极的孩子，首先自己就要避免一些错误的教导方式，并积极上进，与孩子一起成长，这对于孩子今后的成功有着重大深远的意义。

总是苛求孩子——允许孩子失败，孩子才会坚强

有这样一则新闻，在某小学，有个女学生，学习成绩很好，喜欢帮助同学，人际关系不错，老师和同学都很喜欢她。但有一次，一个学习成绩差的同学求她帮忙作弊，谁料没有作弊过的她因为紧张过度被老师发现，最终被老师赶出考场。

事后，她对这件事一直耿耿于怀，最后羞愧地跳河自杀身亡。对这名女学生自杀事件，人们在报纸上从各个角度展开了大量讨论，谈的最多的还是孩子的心理素质——心理承受力的问题。

我们不得不承认，现在的孩子心理承受能力越来越差。在学习方面，过分注重自己的学习成绩，一次考试成绩不理想就会使自己伤心很久，甚至出现厌学的倾向；在人际关系方面，害怕别人拒绝自己，不知道怎么与人相处，同学之间的一点小矛盾便会感到束手无策，从而使自己心神不宁，学习退步等，以上的种种都是孩子输不起的表现。

在这一问题上，不少孩子常常有这样的表现：胆小、畏首畏尾、在学校受批评就会难过很久，甚至无法排解、不善交际、害怕考试等。然而，这些问题，"病"在儿女，"根"在父母。一些父母在育儿这一问题上有完美主义心态，要求孩子

事事做到最好，一旦孩子犯点错，或者某些方面没做好，就严加训斥，孩子哪会有经受困难与挫折的心理准备和能力。表面上看，这些孩子个性十足，其实内心里十分脆弱，就像剥离的蛋壳，稍一用力，就成了碎片。

作为父母的我们，要给孩子宽松和充满爱的环境，要让孩子明白，无论他成功与否，父母永远是支持和爱他的，这样，孩子才会坚强。

心理承受能力，是指一个人从挫折中恢复愉快心情的一种心理素质。心理承受能力对一个人的生活和工作是非常重要的。一个人只要进入社会，就会遇到各种压力、困难和挫折，有的人能勇敢、乐观地去战胜它，而有的人却显得懦弱、悲观，处处想逃避它。在这个快速发展的社会里，我们每个人，包括我们的孩子，都会遇到各种压力。比如考试不及格，竞赛不入围，升不了重点中学，和同学、老师关系不好等，这些都会给孩子带来心理压力。特别是那些性格内向的孩子、学习成绩差的孩子、单亲家庭的孩子、生理有缺陷的孩子、失足有过错的孩子，他们面对的问题更多。再加上父母不能正确地指导、对待他们，使这些孩子在遇到不愉快的事情时，就会有话不敢说，心里的郁积得不到舒展，久而久之，就给自己造成了强大的精神压力。

随着孩子年龄的增长和学习任务的加重，孩子的心理问题将会越来越明显，比如，近年来，中小学生离家出走甚至自杀现象逐渐增多。究其本源，也都是些成年人看起来微不足道的原因。但对孩子来说，这些压力却成为他们的一种精神负担，容易引起孩子的心理障碍。如果孩子从前话很多，突然变得沉默起来，那他可能遇到了问题，父母应该及时给予帮助。

事实上，作为父母，我们要认识到，允许孩子失败，孩子才有可能真正成长起来，对此，教育心理学建议我们：

1.允许孩子慢一点

在现代的独生子女成长过程中，父母总想方设法排除一切干扰，让其顺利成长，缺少必要的应激和挫折，这样，适应力从何而来？遇到挫折又怎能输得起呢？

与其他孩子比较本无可厚非，可千万不要忘记对自己孩子的前后比较，更不要从你的视角来设想孩子的所见所闻，因为"你如果不蹲下来和孩子一样高，又怎么知道孩子看到的仅是成人的大腿呢"？要用成长的事实来鼓励孩子成长，慢一点不要紧，关键是每一步都要有孩子自己的汗水和思考。

2.正确面对孩子的挫折

当孩子遇到挫折时，家长一定要正确面对，千万不要反应过度。面对遭遇挫折的孩子，家长要避免做出任何消极否定的反应，这种反应只会加重孩子的失败感。家长不妨改变一下方式，变消极否定为积极鼓励、加油。这样做，既在客观上承认了孩子的失败，又充分肯定了孩子的努力，保护了孩子的积极性，同时，也为孩子指出了继续努力的方向。

3.给孩子制定一个适度的发展目标

适度的期望是相信孩子的表现，它能帮助孩子发挥自己的潜能。因此，作为家长，一定不要否定你的孩子，而要相信孩子有能力、有潜力去做一件事。但同时，家长更要从孩子自身的特点出发，帮助孩子制定一个适度的目标。同时，无论成败，都要给孩子一个客观的评价，孩子在哪里做得对、哪里做得不对、该发扬什么优点、改正什么缺点等，在此基础上，孩子才能从容应对生活中的各种挫折。

4.避免用语言、行动证明孩子的失败

现在的独生子女心理素质差，受挫能力普遍较低，这就要求家长帮助孩子磨炼坚强的意志，培养他们敢于直面逆境的信心与毅力。要将孩子推上风口浪尖，让其经风雨历磨难，这对孩子克服软弱、形成刚毅的性格大有帮助。

5.孩子失败时，告诉孩子："别怕，有爸妈在。"

家长要多尊重孩子的自尊心，要尽可能支持他们，尤其在他们遭遇困难、失败的时候，帮助他们分析事件和自己的心理，理出一条可行的、能够被孩子接受而不僭越事物寻常规则的解决方案。一句"别怕，有爸妈在"支持你的孩子，会让你的孩子真正感受到自己并不孤单。

6.鼓励你的孩子多吐露心声

作为家长，要在家庭中发扬民主，平时要多注意和孩子沟通，让孩子发表自己的观点，这可使孩子感觉到无论做什么，

只有"有理"才能站稳脚跟,这对发展孩子个性极为有利。

总之,作为父母,我们一定要明白,孩子毕竟是孩子,在成长的过程中,难免会遇到这样那样的问题,对此,我们要给予理解和支持,并鼓励孩子坚强、自信地面对问题,这样,孩子往往比较容易听进去,进而愿意接纳你的建议,并学会正确面对成长中的挫败。

否定孩子——无论何时,要信任你的孩子

有人说,当父母其实是一连串自我修炼的过程,因为培养孩子,绝对不只是给孩子物质条件这么简单,而是要让孩子精神富足,要让孩子健康、自信地成长,我们不仅要为孩子的成长保驾护航,还要让孩子自己去体验成长的过程,这就需要我们信任孩子。事实上,那些幸福、温馨的家庭中,成员之间是互相信任的,在这样的环境中成长,孩子终日耳闻目睹,它的感染力是巨大的,潜移默化地使孩子学会了热情、诚实、善良、正直、关心他人等优良个性品质。

其实,否定、不信任孩子,就是不信任我们自己,而相信我们的孩子,就是相信自己,这是对孩子,也是对作为家长的你的肯定。倘若没有人对孩子的能力表现出最初的信任,认为他值得得到爱、支持和关注,任何孩子都不可能相信自己。

曾有一位家长感慨地说："我无法和女儿交流沟通，我们的距离越来越远，我想我把孩子弄'丢'了。我的女儿才一年级，8月中旬，我们吵了一架，事发直接原因是女儿在我下班一进门时提出要去参加一年级的歌唱比赛，一等奖的奖品是'背背佳'，我不假思索地一口否决了，'不去，妈妈给你买。'当时，没解释、没商量、也没了解孩子的心理。结果，我话音一落地，她的眼泪就刷刷地淌开。看到她这样，我就更生气了！'你认为你能行吗？'就这样，她一句，我一句，各说各的理，嗓门越说越大，声音起来越高。一气之下，'我不管了，让你爸爸管吧！'我拿起澡筐就往外走，孩子也扯着嗓门给我一句：'你不相信我就是不相信你自己！'"

这位女儿的话不无道理，孩子是父母一手教出来的，对孩子能力的否定同样是对自己的能力的否定，只有相信自己的孩子，给他尝试的机会，才让孩子有历练的机会，他才会成长得更快。

成长是一个美妙的过程，而对于作为教育者的父母来说，这个过程却是艰辛而忙碌的。懵懂的孩子，要面对太多诱惑，经历太多挫折。正如这位妈妈一样，家长要想不"丢失"自己的孩子，光靠管束和告诫是行不通的。要了解孩子的思想，就必须和孩子之间建立起互相联系的"精神脐带"，不断地给孩子输送父母爱的滋养。

信任孩子，其实就是要学着去欣赏孩子看似"脱轨"的行为；也要试着放手让孩子去尝试一些明明你就觉得不会成功或者不正确的事；当然忍耐与等待的功夫也要练好，才能不急着帮孩子把事情都做好，让他有自己来的机会；重视孩子的意见和情绪则是最基本的，虽然你明明就觉得他说的、表达的都有些问题。最重要的是，当你面对孩子时，你还必须时时刻刻自我反省，看看自己是否在父母角色上扮演的恰如其分。

家长要相信自己的孩子，就应该做到：

第一，信任和相信他决断事情的能力、完成任务的能力、自己照顾自己的能力，以及当他足够大时负责任的能力。

第二，以确信的方式向他表明你爱他、喜欢他。

第三，当心如下的想法："我以前没有得到过或不需要他人帮助，他也一样。"他与你是不同的。而且，没有得到他人帮助的人常常将之说成"不需要他人帮助"，以掩饰自己的失望。这就告诉父母，相信孩子，并不是对其放任自流，而应该给孩子足够的爱。

做到以上这些，父母必须从爱的基点出发，发现、发掘、抓住、肯定孩子的每一个优点和每一点进步，相信孩子的表现形式和落脚点就在于对孩子的赞许、鼓励、夸奖、表扬……相信你的孩子，才是真正的爱他，孩子才能成为一个在信任和赞扬中成长起来的有能力的人！

总是催促孩子——用耐心和智慧帮助孩子健康成长

我们都知道,家庭对孩子一生的成长是至关重要的,家庭是孩子人生的第一所学校,家长是孩子最重要的启蒙老师。父母与孩子朝夕相处,接触的时间和机会最多,父母的言行无时无刻不在影响着孩子,父母的教诲引导孩子从小走到大,对孩子今后的成功有着重大深远的意义。家庭教育作为孩子通向社会的第一座桥梁,对孩子的个性、品质和健康成长起着极其重要的作用。因此,作为家长,在教育孩子的过程中,切记不可急躁,对孩子有耐心是教育的智慧。

然而,我们发现,现代家长很多方面未免表现的太过焦躁,无论是在面对孩子的学习还是其他事情,我们总是觉得孩子太拖拉,总是不停地催促:"快点,快点。"比如,我们经常在很多家庭中听到妈妈们这样的催促声:"起床!起床!快去洗脸,快去刷牙……""快点啊,快点啊,不然就来不及了!"有人打趣地说,在中国,所有的妈妈都是一样的。

事实上, 个不可否认的现实是:孩子与大人一样,每日生活在催促之中,快速、高效、忙碌、省事,成为最基本和理所当然的生活状态。曾经,在我们孩子牙牙学语和刚学走路时,我们的口头禅是"慢慢走,小心跌跤""慢慢吃,小心噎着",现在孩子听到最多的是"快点吃饭""快点做作业""快点弹琴""快点睡觉"甚至"快点玩"。

那么，父母为什么要不停地催促孩子呢？因为父母觉得孩子太磨蹭，打乱了自己的节奏，于是反过来打乱孩子的节奏。

在某科技馆里，4岁的小月在某运动装置面前不停地把玩，爱不释手……但是，走在前面的妈妈不耐烦地回头，然后对小月说："老玩一个有什么意思？再玩这个就没时间玩其他的了！"还没等小月回答，妈妈已经拉起小月，径直往前走了……

这样的场景，想必很多父母都不陌生，我们大人生活和工作效率的节奏都快，所以希望我们的儿女也能按自己的想法、自己的节奏行事。其实，我们要明白的是，无论是生活节奏、生理节奏以及生命节奏，我们与孩子都是大不相同的。孩子有自己的节奏，对他们而言，感觉最舒服、最顺畅、最有利的就是顺应自然的生理节奏。如果孩子的生活节奏过快，会影响身体的激素分泌，对身体和心理都会造成损害。

经常被打乱节奏的孩子，一般都会有早熟、易烦躁、耐性差的特征，或截然相反，表现为反应迟缓、自我压抑、对某些事物过分依赖。

有一种孩子学会了取悦他人并优先满足他人的愿望；另一种孩子却因无法达到父母的要求而感到自己是"坏孩子"，从而失去自信。这两种情况都容易让孩子丧失自我。

催促孩子，在生活中是一种正常现象，它能教育孩子，帮助孩子适应外部世界。但是，当催促过多地表现在与孩子的关系上时，通常是因为父母自身的焦虑。当父母无法克服这些焦虑，将这些焦虑转嫁给孩子时，伤害就在不知不觉中发生了。

经常被父母催促来催促去，孩子会质疑自己的生活节奏，认为是自己出了问题，要么逐渐认同父母而变成一个同样焦虑的人，要么以一种极为拖沓的方式生活，以这种被动拖沓的方式表达对父母的愤怒。

有这样一个小故事：

一个小孩在草地上发现了一个蛹，他把蛹带回家，想看看蛹怎样化为蝴蝶。过了几天，蛹上出现了一道小裂缝，里面的蝴蝶挣扎了好几个小时，身体似乎被什么东西卡住了，一直出不来。小孩子于心不忍，就想助它一臂之力。于是，他拿起剪刀把蛹剪开，帮助蝴蝶脱蛹而出。可是，这只蝴蝶的身躯臃肿，翅膀干瘪，根本飞不起来，不久就死去了。

其实蝴蝶在蛹中的挣扎是它适应自然界的一个必经过程，没有这段痛苦的经历，它就无法强大。由这个故事联到想我们对孩子的教育，我们应该认识到教育不是一两天的事情，教育工作中遇到的问题也不是一两次就能解决的。揠苗助长有害，欲速则不达，这是每个家长都应该明白的道理，对孩子要有耐心，我们要学会等待，要从一点一滴做起，以小见大。

的确，真正会教育孩子的家长往往都能遵循孩子成长的特点，凡事耐心引导，而不是不问青红皂白，向孩子发脾气。为此，我们在教育孩子的过程中，需要做到：

1. 尊重孩子的磨蹭

孩子的每一个成长阶段，都需要得到父母的尊重。孩子小的时候需要父母的尊重，让他一步一步来。就像一棵小树长成大树，需要蓄积自己的力量。父母不要着急，磨蹭不是什么大不了的事情，等他自己迟到一次，认识到严重性，自己也就抓紧了。孩子的磨蹭是逐渐接受社会的过程，父母不要着急，尊重他的磨蹭。

2. 静静等待，不要代替

一位妈妈在谈到自己的女儿时说："我女儿两岁半，每次吃饭总是十分笨拙、慢慢腾腾地，我工作那么忙，哪有时间慢慢等她吃，所以我一着急，就会忍不住干脆拿起食物往女儿嘴里塞，久而久之，就成了习惯。其实，我也知道这样做不对，但是每次看到女儿把饭菜吃到嘴里，我才能安心。"

其实，孩子也有自己的步调，父母只需静静的等待，不代替他，让他自己一步一个脚印往前走。

父母有时候也很委屈："我催你，我也很忙的好不，你自己把自己的事情做好，还需要催吗？"什么是小孩，这不就是小孩吗？小孩很难达到成年人速度，而父母也不要妄图用成年人的思维要求小孩。父母不都是从孩子这样一步一步过来的吗？为人父母，要有耐心，不要拔苗助长，让他自己慢慢长。

当然，一味地指责家长也是不公平的，因为家长承受着巨大的压力。我们都在努力地和时间赛跑，但无论如何，我们也要尝试和孩子一起慢下来生活，尤其是对孩子的教育上，我们更要有些耐心，给孩子时间，让他自己去完成，正如台湾女作家龙应台在《孩子，你慢慢来》一书中写道："我，坐在斜阳浅照的台阶上，望着这个眼睛清亮的小孩专心地做一件事。是的，我愿意等上一辈子的时间，让他从从容容地把这个蝴蝶结扎好，用他5岁的手指。孩子，慢慢来，慢慢来……"

当着孩子面吵架——小心孩子对吵架的错误解读

对于任何一个成长期的孩子来说，他们都希望有一个完整、和谐的家庭，父母相亲相爱，在这样的环境下成长，他们也才会真正的快乐，对此，教育专家建议，夫妻之间，有矛盾和争执，也不要当着孩子的面吵架。

不得不说，听话的孩子都来自一个温馨和谐的家庭，在这样的家庭里，父母情绪稳定、相亲相爱，孩子健康快乐，而这，需要我们父母不要当着孩子的面吵架。专家告诫父母，让孩子生活得有安全感是父母的责任，家长相互攻击、谩骂对孩子心理造成的负面影响将难以弥补。如果夫妻间确实有矛盾需要解决，父母必须要考虑孩子的心理感受，尽量控制情绪，不要随意发泄。我们来看下面的案例：

这天早上，和往常一样，奇奇来到了幼儿园，走进教室却没有和老师打招呼,就径直走到了自己的座位上,低着头,也不说话,只是玩弄着铅笔,看着奇奇反常的样子,老师走过来,问:"奇奇,今天怎么也不说'老师早'了?"

奇奇抬起头,他两只眼睛红红的、肿肿的。老师笑着问:"是不是早上不肯吃早饭,被妈妈打了?"奇奇摇摇头。

老师又问道:"那你眼睛怎么肿了?是不是早上哭过了。"奇奇点点头,老师又问他是什么原因,他就是不说。

老师拉着奇奇的手说:"奇奇,不要怕,老师会帮助你的。"

奇奇迟疑了一会,说道:"早上爸爸妈妈吵架了,吵得很凶,我吓死了。"说着说着,好像又要哭出来了。

这时,老师把奇奇搂在怀里,安慰他说:"没关系,爸爸妈妈吵架,一会就好了,他们还是爱你的,不信你放学回到家里看看,爸爸妈妈肯定已经和好了。"奇奇半信半疑的问:"是真的吗?"

从以上案例中,我们可以看到,父母当着孩子的面吵架,对孩子造成的伤害是多方面的,要么让孩子感到恐慌,要么会让孩子在耳濡目染中逐步形成火爆的性格,容易发脾气。

的确,相对于成人来说,孩子的心理承受能力很差,如果经常处在这种环境中,对孩子的智力和身体发育都会有不良影响,父母在孩子面前吵架,还会破坏父母的形象。吵架时双方互相指责,暴露出各自的弱点和缺陷,当孩子不愿意听从某一方时,便会利用这一点来反抗。父母双方如果经常吵架,就会常常疏忽冷落孩子。父母处于极度的情绪紧张状态中，从而也造成孩子情绪紧张，妨碍了孩子正常的情感发展，还会导致孩子模仿父母的不正常行为，使得在以后的家庭生活中受挫或社会适应不良。

有的家长还利用孩子来反对另一方，在孩子面前诉说另一方的缺点和不足，这种做法也是错误的。它等于把孩子也卷入了家长的战场之中，对于年幼的孩子来说，他根本不能理解这是怎么回事，只能在心灵上留下深深的创伤。若真的无法避免吵架，请等孩子入睡后，或孩子不在的时候沟通、解决。

夫妻吵架后母亲的眼泪，也绝不要让孩子看到，对于父母其中一人的离去，及父母间的恶言责骂，都会给孩子留下阴影。有时，父母也会像个孩子，因为一件小事，就在孩子面前忍不住吵了。然后呢？怎么让自己从愤怒的情绪里解脱出来？怎么和对方和好？还有怎么和孩子说？有了孩子，夫妻吵架的问题就比较复杂了。往往事情不大，但谁都想说出自己的理，可当着孩子的面好多话又没法说出来，因为不知道会给孩子的心灵造成什么样的影响。

其实，吵架会不会给夫妻之间，给孩子带来影响，取决于父母吵架以后解决矛盾的方式。现代婚姻专家发现，夫妻吵架的直接原因往往是生活中的小事，既然如此，就没有必要一定要想办法避免吵架，因为从来不吵架的夫妻往往是害怕彼此意见不合。吵架以后怎么解决矛盾，才会真正对夫妻和孩子有影响，最好的办法是：夫妻吵架和好后，让孩子看不到争吵对父母的爱情有什么实质上的影响。

不过还好，解决问题的原则比吵架的原则更容易遵循和掌握，因为，人平静下来的时候，就更容易注意到自己在说什么，在做什么。

的确，父母吵架是在所难免的，但是要尽量减少吵架的次数，特别是不能在孩子面前吵架。这个时候的孩子，正是身心发展的重要时期，父母吵架会给孩子幼小的心灵带来伤害，也会影响孩子的学习情况。所以，请每个做父母的，给孩子多一点关爱，多一点温暖，少一些无谓的争吵。

其实，再和谐的家庭，也难免有争执和矛盾，夫妻吵架是再正常不过的事。尽管这常被看作小事一桩或正常现象，但却忽视不得，因为它会给孩子的心灵留下难以弥补的创伤。如果孩子在场，最明智的方式莫过于心平气和地各抒己见，化干戈为玉帛，以理服人。因此，父母不要在孩子面前吵架，要互相谦让，让孩子有一种和谐安定的归属感。

专制独裁——给予孩子话语权，和孩子平等交流

我们不能否认，可怜天下父母心，所有的父母都爱孩子，但不是所有的父母都能教育出出色的孩子，其中重要的原因之一就是父母无法走进孩子的内心世界，无法和孩子进行良性沟

通，很多亲子间的矛盾就是这样产生的。之所以造成这样的结果，主要是因为很多父母没有认识到，孩子是一个独立的生命体，而不是你生命的延续。我们很多家长，潜意识中把孩子看成自己的附属品，甚至是替代品，在沟通中，也就无意识中剥夺了孩子的话语权。

家长漠视孩子的感受，不给他们发言权，那么，时间一长，要么孩子会放弃说话的权利，要么变得敏感、暴躁，后者就是很多孩子与父母对抗的原因之一。相反，那些尊重孩子的父母，在孩子很小的时候，他们就懂得蹲下来和孩子说话，注视着孩子的眼睛，认真聆听他们的意愿，与孩子商量办法，共同决定孩子的生活。这样的孩子，从小就有一种存在感，因为他们得到了父母的重视，他们在人际关系中有自信。因此，话语权就算是对不懂事的孩子，也是非常重要的。

我们先来看下面的故事：

方女士在一家事业单位上班，长期工作严谨认真，这造成了她沉默呆板的个性，而与母亲不同的是，她的女儿却是个活泼、叽叽喳喳的女孩。

在女儿上初三那年，许是觉得自己已经长大了，女儿常要求跟妈妈"平等对话"。

有一天，女儿双手拉着妈妈的胳膊，神秘兮兮地将她拉近了自己的房间。

"什么事啊，干吗这么神秘？"妈妈不解地问，"搞什么鬼啊？"

"妈，我问你件事。"女儿关上房门，悄声对妈妈说。

"有什么话不能大声说啊？"妈妈更不耐烦了，觉得一家人之间，用不着藏着掖着。

"是我们女人之间的事儿，别让我爸听见。"女儿压低声音说。

"快说，有什么事？"

"妈，你在中学时有没有喜欢过男孩，有没有男孩喜欢过你？你当时什么感觉，怎么处理这样的事情的？"

"你是不是早恋了？快跟我说说是怎么回事，怎么突然问起这个问题？"妈妈有些着急的问女儿。

"你先回答我的问题，然后我再告诉你。"

"这种事情我怎么能跟你说呢，你还是孩子，还不懂。快跟我说，你是不是早恋了？"妈妈有些恼火，口不择言地说。

"你不说就算了，我也不想跟你说了。"女儿脸上没有了笑容。

"你快跟我说，你要急死我啊？"不懂女儿心思的妈妈，并不知道女儿内心情绪的变化。

"你出去吧，我要写作业了。"女儿将妈妈推出房间，关上了门。

的确，女儿和妈妈谈及一些女性的话题，其实是在寻找一个同性的榜样，或者说一个人生的同路人，希望获得成长和前进的心理能量，获得情感上的支撑力量。可是，妈妈却拒绝坦诚地与女儿交流，堵住了母女间良好沟通的路径。

因此，作为父母，如果希望你的孩子向你敞开心扉，那么，你就必须给孩子话语权，但给孩子话语权，并不是命令孩子："告诉我！"而是应该把孩子放在与自己平等的位置，以朋友的身份鼓励孩子说，让孩子表达内心的真实想法与感受，在这个基础上，父母才有可能有的放矢地对孩子进行教育。

除此之外，给予孩子话语权，还需要父母做到：

1.用心倾听是最好的交流

很多时候，作为父母，我们可能都忽视了孩子的真正需要，他们需要的不是教训，而是父母的理解和倾听。而事实上，我们的很多父母却常常不问事情的青红皂白，就对孩子进行一顿语言的狂轰滥炸。比如，"什么？你在学校又犯事了？"孩子解释说，是老师冤枉了他，结果你根本不理会孩子的解释，接着训斥："没犯错误老师能冤枉你吗？那么多学生为什么要冤枉你一个啊？还敢撒谎！"接着，孩子听到你的话之后，原本还想解释什么，但他不说话了。其实，你知道吗？孩子这时候最需要的是你的一个拥抱，一个肯定的眼神。但你的否定却让孩子退缩了，他原本希望你是他的避风港，却发现自己又遭到一番教育，甚至成为父母的撒气筒，如此这般，孩子还愿意和家长沟通吗？给孩子倾诉的机会，让孩子宣泄心中的郁闷，这对孩子的心理健康是非常重要的。

2.适时回应,适当引导

我们说,倾听很重要,并不是不要家长说话交流,交流需要双方有来有往,那么,在很好倾听后,我们怎样给孩子回应呢?

更多的时候,我们要用适当的语言同理孩子的情绪,也就是认同孩子的情感。比如说:"看起来你很生气。""你有点控制不住自己了是吗?""听起来你很失望,真是不走运。""哦""嗯""我明白了。"或者说:"真有意思,要是我当时在场就好了,后来呢?"启发孩子说下去。

有些时候,我们听孩子说完之后就完了,但有的时候,为了解决问题,也可以给孩子一些建议。

不过,给建议也是要讲方式的,一个原则就是,尽力少用自己的嘴巴给孩子建议,最好是让孩子自己分析找出办法。家长说的多了,孩子未必能听得进去,经过自己思考得出的结论,才会真正成为他自己的经验。

用老眼光看孩子——关注孩子的点滴进步

生活中,作为父母的,都希望自己的孩子能够出色,能在未来成为社会上的有用之人,在这一殷切的希望下,不少父母在孩子还在幼儿园时就严加管教,认为"棍棒下出人才",他们总是盯着孩子的缺点和不足看,他们认为这样可以督促孩子进步，结果却适得其反，在父母长时间的打压下，不少孩子也认为自己毫无优点，甚至产生严重的无用感，这些孩子有这样一些表现：在人群聚集的场合无法参与谈话，想表达自己心里的想法，但又张不开口，甚至害怕自己的发音不准。他们开始讨厌自己，认为自己很没用，在整个交际过程中，都处于一种紧张的状态。这对孩子的成长是十分不利的，这些孩子往往十分脆弱、常常自卑又具有极力压抑自己的恶习；他们摆脱不了挫折的阴影，或者干脆躲在阴影中看这个世界。

其实，我们家长都希望教育出勇敢、坚强的孩子，但这首先需要我们对孩子的肯定，这样，他们才有勇气正视自己的优点，也才能发挥自己的价值。

刘老师最近遇到一个家长，这位家长是在离学校不远的某单位上班，她每天都等刘老师下班，然后和刘老师一起回家，其实，刘老师明白，她是想跟她儿子的老师多聊聊。

一路上，刘老师总是听到她在埋怨她的儿子，基本都是情绪发泄。而其中很重要的一条就是，她的儿子自从上了七年级后，好像开始把家只当成一个睡觉的地方，也很少和父母交流，平时让他做什么，他也是敷衍了事。

刘老师一直听着，等到她讲完后，刘老师就反问她："其实，你遇到的这个问题，我听不少家长说过，孩子一到青春期后，独立性增加，他们比从前更需要肯定和理解，先不说这个，你说说你儿子的优点吧。"

"刘老师,您真会开玩笑,他哪有优点,他身上都是缺点。"

"是吗?您儿子是我的学生,我比较了解,你儿子学习成绩很好啊,对人很有礼貌,长得也很帅,乐于帮助人等等。"听完刘老师的话,她一一点头。

"现在,您应该知道您的儿子为什么不和您说心里话了吧,作为家长,只有把孩子当朋友,了解孩子,理解孩子,尊重孩子,并看到孩子的闪光点,和孩子心连心,孩子才会愿意和你打开心扉。"

从那天以后,这位家长再也没为儿子找过刘老师了。

生活中,我们有多少家长和案例中的这位家长一样呢?孩子在成长的过程中,最需要的是来自父母给予的安全感,而这一份安全感的重要表现就是来自父母的肯定,如果我们紧盯着孩子的缺点和不足看,无疑是对孩子自信心的打击,为此,教育心理学家建议我们父母做到:

1.要用发展地眼光看待孩子

古语有云:"士别三日,刮目相看",历史经验值得记取。任何人、任何事都不是一成不变的。我们的孩子也是在不断进步的,而同时,孩子对于父母的态度是很在意的,假如你的孩子进步了,你一定要赞扬他,而不是老眼光来看待他的缺点。

一些父母,根本看不到孩子的进步,总是拿孩子的缺点说,并且,还当着其他人的面,这让孩子的自尊心受到严重的伤害。

而明智的父母则不是如此，他们会看到孩子身上的点滴进步，在孩子有任何一点的进步时，他们都会夸奖孩子，让孩子感受到父母对自己的爱和关注。

每一个父母在教育孩子时，都要让孩子明白一点，无论他的成绩如何，只要他努力了，就是好孩子。

事实上，孩子对于自己的进步是非常敏感的，孩子最希望的是得到父母的认同，如果父母总是刻板地看待孩子，那么，时间一长，得不到认同的孩子便不愿意向你敞开心扉了。如果父母能够及时发现孩子的进步并进行表扬，孩子的心灵就会得到阳光的沐浴，进而敞开心灵，把父母当成最好的朋友。而融洽的亲子关系是家庭教育最基础的保证。

2.要全面地看待孩子

有时候，我们只看到了孩子的某个方面或者某些方面，而没有全方位地了解孩子。你发现没，你的孩子虽然学习成绩不好，但他的人缘却很好，别人总是愿意和他交朋友，对于这点，你夸赞过他吗？

3.要客观地看待孩子所做的事

无论你的孩子做了什么，你都要从事情本身评价，这样，才能避免因刻板印象而误解孩子。

在社会心理学中，这种用老眼光看人所造成的影响，称为"刻板印象"。所谓"刻板印象"，指的是人们对于某些任何事产生的来自过去经验的看法，这种看法是固定而笼统的，是一种刻板印象，家庭教育中，我们要看到孩子点滴的进步，要学会从多方面看待孩子，只有这样，才能对孩子产生认同感，才能加深亲子间的关系，从而有利于家庭教育的顺利进行。

4.给孩子适当的鼓励

（1）在生活中要注意并善于发现孩子的优点和点滴的进步，并不失时机地给予肯定和表扬。

（2）不要总拿孩子的缺点和别人的优点做比较，更不要贬低孩子。

（3）不管你的孩子表现如何，都不能随便作出"没有出息"之类的负面判断，也不能任意给孩子贴上"窝囊废"之类的灰色标签。

（4）不要单纯抽象地用貌美、聪明、学习成绩好等夸奖来满足孩子的自我表现欲，而要尽可能地在具体地不同层次上让孩子看到自己特有的优势，从而实现高质量的自我满足。

（5）要教育孩子重视自己每一次的成功。成功的经验越多，孩子的自信心也就越强。

（6）要让孩子知道，只要付出，就会有收获；付出的越多，收获的就越多。

教育方法一成不变——转变观念，与时俱进

很多家长认为，只要给孩子足够的物质满足，就是给孩子一个更好的生活，其实家长恰恰忽略了孩子最需要的东西。孩子们最需要的不是玩具和零食，而是亲密感情，比如你了解他的思想，理解他，认同他，给他一个鼓励的拥抱等。这一点对于已经进入亲子关系转变期的孩子来说尤为重要，要知道随着孩子的成长，他们的注意力开始从玩具、游戏转移到学习、人际关系上，他们尤其在意来自父母的看法和意见，他们已经有了自己的爱好、思想等，对此，家长应予以正确的引导和鼓励，不能以一成不变、简单粗暴干涉的方式来约束孩子，应该突破传统教育的固定模式，家庭教育也需要与时俱进。父母应该在平时多留意社会的发展和孩子的想法，注意与孩子沟通，在了解孩子的想法后也多向老师求教，双方配合合理引导，从而共同促进孩子的健康成长。

做父母的首先要注意沟通方式方法。先反思一下：您是否唠叨？您与孩子的话题是否永远都是学习、听话？您是不是经常暗示孩子一定要考上大学？如果答案是"是"，那您是否发现，孩子越来越不愿意和你交流？您的孩子是不是觉得你越来越"土"？之所以请您反思，是因为孩子在长大，他们已经不是婴幼儿了，已经开始走出家庭和父母的保护，进入学校，对父母难免开始疏离，而我们越是要求他们，他们越不听。最好

的做法是改变我们自己的做法，打开与孩子交流之门，缩短与孩子的心灵距离。

有位母亲这样讲述自己的教育经验——儿子喜欢什么，妈妈就去学什么。

"儿子初三的时候，就已经长到180厘米，酷爱打篮球。而我对篮球一窍不通，为了打入儿子的圈子，我专门去查资料，NBA、乔丹、科比、姚明……周末的时候，我会主动跟儿子交流：'晚上有NBA的比赛，我们一起看。'儿子当时特别兴奋。他会觉得妈妈很了解我的爱好，妈妈很'潮'，跟别的家长不一样。"

"儿子对自己认可了，自然也就乐意跟家长聊天，这样家长关于学习和生活的提醒他也就肯听了。其实，这个时候的孩子也很要面子，家长一定要把他们当成大人看待。有一次我在路上遇到了儿子的同学，自己便很真诚地跟对方说：'很高兴儿子有你这么要好的同学，欢迎你经常到我家玩。'事后，儿子很高兴，他觉得妈妈很尊重他的同学，让他很有面子。第二天放学后，儿子兴奋地跑来说，那位同学夸自己的妈妈'很有气质、很优雅'。"

作为父母，你是否发现，随着孩子越来越长大，他们不再像以前一样听话了，不再认为我们说得都是对的，他是不是经常对我们说："俗！""土得掉渣！"等，从孩子的口中，你是不是会听到："我们同学都是这样说的。""人家都是这样穿衣服的。""什么都不懂，懒得跟你说。""你不明白的。"……

这些语言和这些行为都代表着孩子开始渴望独立,开始有了自己的思想,他们已经不像婴幼儿时对我们言听计从了,而我们家长也要转变教育观念,现在我们应该既把他们当孩子,也把他们当作朋友,当作一个与家长有平等关系的公民。我们必须抛弃"天下无不是的父母"这种陈腐的观念。只有这样的沟通,才是平等的沟通,也才是能让孩子接受的沟通。

然而,不少父母会问,我要和孩子聊什么呢?其实,要和孩子做朋友,就必须与时俱进,了解你的孩子在想什么,了解孩子才有共同语言。那么,哪些话题更适合与孩子沟通呢?

1.谈点孩子感兴趣的话题

任何谈话,如果双方所交谈的话题是交谈者自己感兴趣的话题,他就会投入十二分的热情,但是如果他对所说的话题没有丝毫兴趣,即使场面再大,对方热情再高涨,他也会觉得寡淡无趣的。我们父母,要想和孩子和平相处,并得到对方的认同,你就要彻底的了解孩子的所"好",了解他感兴趣的话题。比如,儿子最喜欢的同学是谁?他喜欢什么样款式的衣服?他最喜欢做的事是什么?再比如,他在学校发生了什么事,他喜欢哪个游戏,喜欢什么体育项目等。了解这些新事物,能让孩子觉得父母不土,也就愿意与父母沟通了。

2.谈孩子知道而家长不知的话题

时代在发展,社会在进步,孩子的思维和知识面未必不如父母。作为父母的我们每天为了工作和柴米油盐奔波,可能有很多不了解的知识,此时,我们可以向孩子请教,这样能让孩子感觉到父母对自己的尊重,一旦打开了沟通的心门,再让孩子从心底接受父母的教育和引导也就不是难事了。

另外,最主要的是,我们要让孩子自由安排与父母独处的时间。

很多父母感叹:"虽然放暑假成天在家,但儿子跟我之间每天的交流时间竟不到半个小时!""孩子上小学后除了学习就是和同学玩,根本不理睬父母,说多了还嫌烦!"

其实,既然你的孩子觉得你土,那么,你不妨请教他:"这个周末由你来安排,不过前提是,你要带上爸妈……"如果你的孩子答应了,那么,就表明他已经允许你进入他的世界。

的确,新世纪,我们教育孩子的方法一定要改变,因为我们的孩子也在用现代化的眼光审视我们,催促着我们去学习新知识,过去那种老套的呆板的教育方法已经行不通了,父母要想让孩子信服,就要在人格魅力、学识素养各方面得到孩子的敬佩与爱戴。无论何时,变才是真理与常态,我们父母也要改变自我,对此,我们不妨学会在孩子面前"化化妆"——用新知识,新技能包装自己,"演演戏"——每天花上几十分钟,学点新知识,设计一些"脚本",用自己的行为影响孩子,用新鲜的话题引导孩子。

参考文献

[1]曾田照子.这55件事,妈妈不要在孩子面前做[M].北京:新星出版社,2016.

[2]于薇.不唠叨让孩子听话的诀窍:学会与孩子沟通的技巧[M].北京:经济科学出版社,2013.

[3]洪兰,蔡颖卿.教养在生活的细节里[M].北京:北京时代华文书局出版社,2017.

[4]蔡中元.最好的养育就是好好和孩子说话[M].北京:中国友谊出版公司,2020.